아미르 티무르

닫힌 중앙아시아를 열고
세계를 소통시키다

Tamerlane
Amir
Temur

아미르 티무르

닫힌 중앙아시아를 열고
세계를 소통시키다

성동기 지음

우물이 있는 집

차례

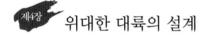

제4장 위대한 대륙의 설계

유럽 근세사 비밀의 열쇠
아미르 티무르

1996년 우즈베키스탄으로 유학을 떠난 필자는 타슈켄트에서 아미르 티무르를 만났다. 이곳으로 떠나기 전에 그의 이름은 알고 있었지만 구체적으로 어떤 인물인지 정확히 알지 못했다. 마침 그 해가 아미르 티무르 탄생 660년이었기 때문에 1991년 소비에트연방으로부터 독립한 우즈베키스탄은 대대적으로 그를 민족의 위대한 인물로 기념하고 있었다. 고등학교 때 배웠던 대한민국 국정교과서 세계사 책에 단 한 줄만 적혀 있던 아미르 티무르가 그의 출생지역인 신생 독립국 우즈베키스탄에서는 온 나라를 떠들썩하게 만들고 있었다.

이러한 광경을 보면서 아미르 티무르는 과연 어떤 사람이었을까 그리고 우즈베키스탄에서는 칭기즈칸에 버금가는 위대한 정복자로 칭송 받는 인물이 왜 세상에는 제대로 알려지지 못하고 있는 걸까 하는 의문이 들었다.

먼저 그와 관련된 문헌들을 찾아보았다. 우리나라에서는 그와 관련된 문헌을 찾을 수 없었으며, 국외에서도 그를 전문적으로 연구한 문헌이 거의 없었다. 그러나 우즈베키스탄에는 1991년 독립 이후부터 일찍이 그와 관련된 다양한 문헌들이 우즈베크어로 출간되고 있었다. 필자는 우선 눈에 띄는 대로 책을 구입하고 번역하기 시작하였다. 그리고 러시아어와 영어로 발간된 몇 권의 문헌들도 구입하여 번역하면서 우즈베크어 문헌과 비교 분석하였다. 이 문헌들에서 아미르 티무르를 묘사한 전형적인 내용은 다음과 같다.

"아미르 티무르는 14세기에 현재의 우즈베키스탄에 국가를 세우고 천재적인 군사전략과 용맹성을 무기로 중국을 제외한 유라시아 대륙에 존재했던 국가들과 전쟁하면서 한 번도 패배하지 않았으며, 수많은 전리품을 바탕으로 사마르칸트를 당대 최고의 도시로 만들었지만 잔인한 성품으로 인해 가는 곳마다 무자비한 파괴와 학살을 자행한 이중적인 성격을 가진 인물이었다."

위의 내용만으로도 아미르 티무르는 분명히 알렉산더 대왕, 칭기즈칸, 나폴레옹, 히틀러 등과 같이 한 시대를 혹은 한 세기를 풍미한 역사적인 인물임에는 틀림이 없었다. 그 역시 위의 인물들처럼 침략, 파괴, 학살, 지배 등을 통해 정복자로 성장했기 때문에 동시대와 후대에 영향을 주었을 것이 분명했다. 그래서 필자는 더욱 의구심이 들었다. 천재적인 군사전략가라면 알렉산더 대왕과 나폴레옹처럼 평가가 있었을 것이고, 한 번도 국제전에서 패배하지 않았다면 칭기즈칸처럼 분석이 되었을 것이다. 그리고 전쟁 과정에서 파괴와 학살을 자행했다면 칭기즈칸과 히틀러처럼 연구가 되었을 것이다. 그러나 역사는 그를 제대로 평가하지 않고 방치하고 있었다.

필자는 위와 같은 문제제기를 가지고 5년 정도 아미르 티무르와 관련된 온·오프라인 자료를 수집하고 번역하고 분석하고 비교하면서 2010년 집필을 완료하고 책을 발간하였다.

이번 개정판에서는 아미르 티무르가 만든 14세기 유라시아가 21세기에 다시 재현될 수 있다는 상황 부분을 모두 제거하고 철저하게 그의 역사와 세계사적인 가치 부분만 강조하고자 하였다. 2010년 이후에도 국내와 국외에서 아무르 티무르와 관련된 새로운 책이 발간되지 않았다는 것도 개정판을 만들게 된 이유 중에 하나였다. 이 개정판을 출발점으로 해서 다시 아미르 티무르에 대한 관심과 연구가 전 세계적으로 이루어졌으면 한다.

아미르 티무르는 중세와 근세를 넘어가는 시점에 존재했던 인물이었다. 다시 말하면 14세기의 유라시아 대륙을 설계하고 통치하였던 아미르 티무르는 중세에 번영한 아시아의 마지막 선과 근세를 만든 유럽의 출발선에 서 있었던 세계사적으로 매우 중요한 인물이었다. 따라서 한 세기에 걸쳐 동시대를 지배했던 그를 배제하고 유럽 근세의 출발과 발전을 논하기는 힘들다고 판단된다. 서구학계는 유럽의 르네상스와 근세로의 발전은 자체적인 역량에 의해서 탄생한 것이라고 대부분 주장한다. 그러나 문헌을 살펴보면 유럽의 중세는 오늘로써 끝나고 내일부터 바로 유럽의 근세가 시작되는 느낌을 가지게 한다. 세상에 무에서 유를 창조하는 것은 신만이 할 수 있다. 장기간에 걸쳐 중세 기독교의 암흑기를 경험한 유럽사회가 어떻게 하루아침에 근세라는 거대한 세상을 만들 수 있는가! 이러한 논의가 지금 진행되고는 있지만 아미르 티무르는 여전히 배제되고 있다. 따라서 아미르 티무르를 본격적으로 역사의 무대에 다시 또 올리는 것이 이번 개정판의 목적이라고 여겨진다.

마지막으로 이 책을 개정할 수 있게 기회를 제공해 준 우물이 있는 집 강완구 사장님, 존경하는 부모님, 그리고 사랑하는 가족들에게 고마움을 전한다.

2024년 봄을 앞두고

성동기

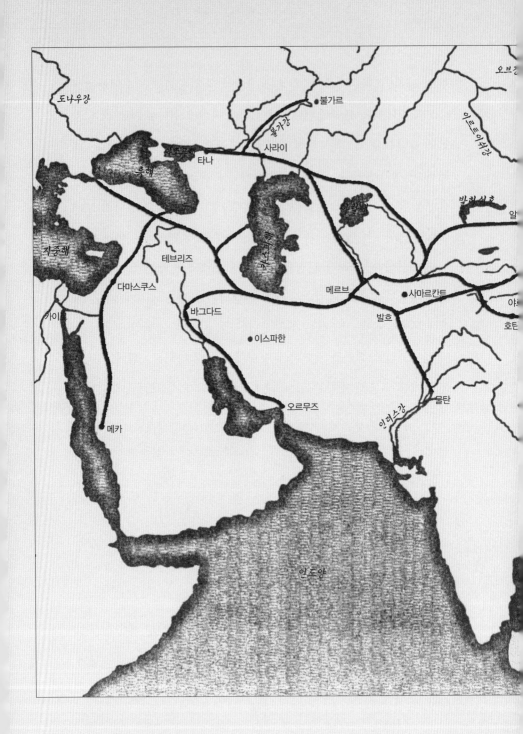

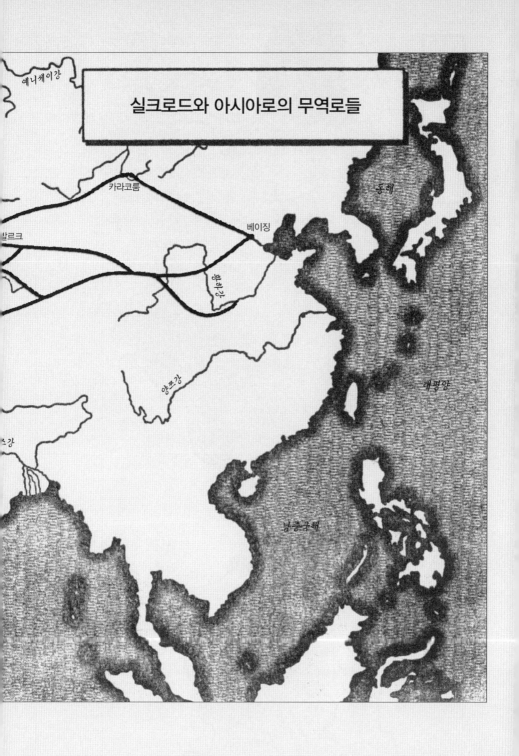

실크로드와 아시아로의 무역로들

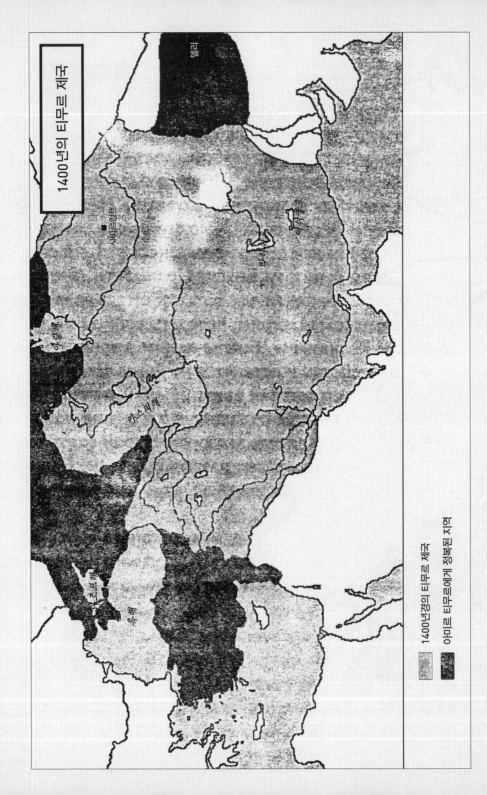

1400년의 티무르 제국

1400년경의 티무르 제국

아미르 티무르에게 정복된 지역

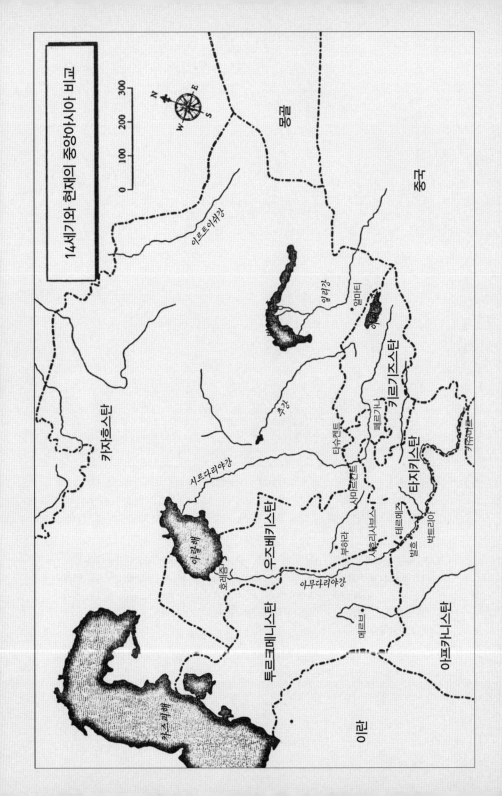

책을 읽기 전에

1. 본 책에 등장하는 대륙은 유라시아대륙을 의미한다. 일반적으로 유라시아대륙은 유럽과 아시아를 지칭하는 의미를 가지지만, 여기서는 구소련, 중국, 인도를 가리킨다. 다시 말하면 남북통일 이후 우리와 직접 맞닿는 국가들인 구소련과 중국 그리고 경제적으로 큰 의미를 지니는 인도를 협의의 유라시아대륙 범주에 넣었다.

2. 본 책에 등장하는 인물, 지명 등은 영어, 러시아어, 우즈베크어 참고문헌들에서 각기 다르게 표기되어 있었다. 예를 들면, 아미르 티무르Amir Temur는 우즈베크어인데, 영어로는 티무르Timour 또는 태멀레인Tamerlane, 러시아어로 타메를란Tamerlan 등으로 표기한다. 그러나 여기서는 아미르 티무르를 제외한 나머지는 영어식 표기를 우선으로 하여 전사하였다.

3. 본 책에서 인용한 참고문헌의 내용은 별도의 각주처리보다는 본문 안에 표기를 하였다. 그리고 참고문헌은 뒤편에 별도로 정리하여 나열하였다.

원정만 떠나는 군대

14세기 중앙아시아에 원정만 떠나는 군대가 있었다.

이 군대는 여름에는 영상 40도 이상의 불타는 사막을 가로질렀으며, 겨울에는 차가운 바람이 볼을 패고 눈이 행군을 가로막는 척박한 황무지와 가파른 계곡들을 횡단하였다. 이 군대가 수행한 원정의 전체 거리를 합치면 지구둘레에 해당하는 40,077km에 육박했다. 일반적으로 건강한 성인이 시속 4km는 걷는다고 하니, 24시간을 꼬박 걸어도 416일이 소요되는 거리이다. 결과적으로 이 군대는 적어도 천 일은 넘게 행군한 것이다.

이 군대는 항상 한 사람의 지휘자에 의해서만 움직였다.

그는 유목민의 핏줄을 타고났지만, 3개 국어를 구사할 수 있는 무슬림이었다. 게다가 그는 젊은 시절에 전투에서 오른팔과 오른쪽 다리에 화살을 맞아 절름발이가 되었던 장애인이었다. 그러나 다른 어떤 누구도 그를 대신해 원정대를 한 번도 지휘한 적이 없었다. 그는 언제나 선두에 서서 군대를 통솔하였으며, 적장과의 일대일 결투도 마다하지 않았다. 그는 33세에 처음으로 원정을 떠났으며 67세에 떠난 원정길에서 죽음을 맞이하였다.

이 지휘자는 자신에게 복종하는 세력을 처음에는 가지지 못했다.

알렉산더 대왕이 길을 나섰을 때 마케도니아인들이 그의 뒤를 따랐고, 칭기즈칸이 길을 나섰을 때에는 몽골인들이 그의 뒤를 따랐다고 한다. 그러나 이 지휘자는 처음부터 자신을 추종하는 민족을 가지지 못했다. 그가 통치하기 이전에 이 지역은 동서양으로부터 무수한 침략과 지배를 받았기 때문에 이곳의 사회는 다인종 · 다민족 · 다문화로 형성되었다. 그의 군대 역시 다인종 · 다민족으로 구성되었다.

이 지휘자는 이런 군대를 훈련시키고 통솔하여 국제전 170일 연전연승의 신화를 남겼다.

이 군대가 수천 킬로미터나 되는 행군을 마치고 도착한 적지에서 전투만 했던 총 기간을 합치면 170일이었는데 단 하루도 패배하지 않았다. 그들이 170일 동안 전투에서 죽였던 적의 수는 대략 1천7백만 명에 달했다. 하루에 십만 명 정도를 죽인 셈이다. 그러나 그가 통치하기 전에 중앙아시아는 주변과 동서양 국가들의 무수한 침략을 받아 수백 년 동안 세지도 못할 만큼 어마어마한 수의 사람들이 죽었다. 민족 자체가 통째로 사라지기도 했으며 하나의 도시가 완전히 파괴되기도 하였다. 그는 무수한 침략과 지배를 받아 폐허가 되고 방치되었던 이곳에 국가를 건설하였으며, 이후 과거에 이 지역을 침략하고 파괴했던 국가들을 무릎 꿇게 만들었다.

이 군대의 병사들은 원정을 싫어하지도 거부하지도 않았다.

오히려 그들이 먼저 지휘자에게 원정을 요청했다. 어떤 때는 지휘자가 그들의 요구를 들어주지 않았다. 그들에게 휴식기간을 의무적으로 주었다. 병사들은 원정에서 승리하고 돌아오면 모두 부자가 되었다. 공적에 따라 엄청난 전리품을 받을 수 있었기 때문이다. 만약에 전쟁에서 병사가 사망하면 그의 가족들은 평생 동안 국가가 책임을 졌다. 그러나 이들은 부의 달콤함에 나태해지지 않았다. 다시 원정을 떠나는 날만 기다렸다. 어느 날 그의 지휘자가 원정을 가는 도중에 병에 걸려 갑자기 사망하였다. 그의 병사들은 더 이상 원정을 떠나지 않았다. 그들이 목숨을 걸어야 할 만큼 험난한 원정을 즐겁게 소풍 가듯이 떠나는 이유는 ㄱ 지휘관이 언제나 동행했기 때문이었다. ㄱ래서 더 이상 그들은 원정을 떠나려고 하지 않았다.

이 지휘자가 다스리던 국가는 당대의 지구상에 존재하던 모든 것을 구할 수 있었다.

이곳에 없으면 세상에 없다고 했다. 사막의 오아시스에 건설한 수도에는 물이 흐르고 꽃이 만발하는 12개의 정원이 만들어지고 동서남북 사통팔달의 교통망이 구축되었다. 그의 백성들은 매년 건설되는 이슬람 사원과 신학교 등을 통해 종교생활을 향유하였다. 당대 최고의 건축가들이 그들을 위해 건물을 짓고 도로를 닦았다. 이곳으로 전세계의 상인들이 들어왔으며, 이들은 넘치는 물건과 최첨단의 건축물에 감탄하였다. 그가 만든 국가는 유럽과 아시아를 연결하는 최대의 무역로인 실크로드의 허브였으며, 최첨단의 상품이 만들어지고 거래되는 세계 최대의 시장이 되었다. 유라시아대륙이 이때처럼 번성한 적은 없었다.

이 지휘자는 원정을 떠나던 길 위에서 34년의 행군을 마감하였다.

그가 죽은 이후로 유라시아대륙을 지배한 자는 더 이상 나타나지 않았다. 위대한 무역로인 실크로드도 그의 죽음과 함께 기능을 상실하고 말았다. 그가 평생을 바쳐 원정을 단행한 것은 유라시아대륙을 자신의 정복지로 만들고자 한 것이 아니라 이 대륙이 가지는 가치를 높이기 위함이었다. 특정민족들이 자신의 이익만을 위해 거대한 하나의 대륙을 섬처럼 갈라놓는 행위를 참지 못한 것이다. 특정 민족 혹은 특정 국가를 중심으로 대륙이 발전하는 것이 아니라, 다인종·다민족·다문화로 구성된 대륙을 소통시키고 화합시키는 것이 대륙의 가치를 높이는 것이라고 그는 생각했다. 이것이 이루어져야 대륙의 구성원 모두가 잘 사는 길이라고 판단했다. 결과적으로 그가 설계하고 경영한 유라시아대륙은 당대에 유럽을 압도하였다. 유럽인들은 자신의 후진성을 벗어나기 위해 유라시아를 배우고자 하였으며, 그 속에는 이 지휘자의 전략과 전술이 큰 부분을 차지하였다.

14세기에 폐허가 된 중앙아시아에서 다인종·다민족·다문화 사회를 소통시키고 화합으로 이끌어 국가를 세우고 유라시아대륙의 가치를 높였던 이 군대의 지휘자는 아미르 티무르였다.

그러나 위대한 대륙의 설계자인 아미르 티무르는 역사 속으로 사라졌다.

중세의 후진성을 넘어 근세로 가는 길을 설계하고 실천하였던 그는 거대한 역사적 발자취에도 불구하고 후대의 역사 속에서 철저하게 사라졌다. 1991년 구소련이 붕괴되면서 유라시아대륙은 기간 긴 잠에서 깨어나 다시 움직이고 있다. 그리고 과거처럼 이 공간을 차지하려고 세계의 열강들이 모여들고 있다. 아미르 티무르 이후 600년 만에

샤흐리사브스(아미르 티무르의
고향)에 있는 아미르 티무르
의 동상

다시금 유라시아대륙의 가치가 살아나고 있는 것이다. 그러나 아미르

티무르는 아직도 잠들어 있다. 왜 역사가들은 알렉산더 대왕과 칭기

즈칸 못지않은 위대한 역사의 자취를 남긴 그를 집단적으로 덮어버리

려 하는가? 앞의 두 정복자보다 대륙을 더 잘 이해하고 설계하였던 그

를 무엇 때문에 숨기려고 하는가? 그러나 더 놀라운 사실은 아미르 티

무르의 대륙을 향한 설계와 전략은 그들이 그리고 우리들이 느끼지 못

하는 사이에 누군가에 의해서 활용되고 있었다는 것이다.

제1장

세계를 움직이는
보이지 않는 전략

역사를 만드는 자들은 공간을 만들기 위해 길을 넓혀가는 자들이며,
역사의 나그네들은 그들이 만든 길과 공간에서 배회하고 있는 자들이다.

1. 한 사람의 무슬림에게 명운을 건 유럽

1402년 7월 8일.

현재 튀르키예의 수도인 앙카라 부근의 주북평야Cubuk에서 어느 누구도 우열을 가릴 수 없는 중세 최강의 두 군대가 결전을 앞두고 있었다. 드넓은 평야에 부는 바람마저 숨을 죽이는 가운데 각 진영의 두 수장들은 서로를 노려보고 있었다.

아미르 티무르!

그는 중앙아시아에서 홀연히 나타나 페르시아, 중동, 인도, 러시아를 정복하면서 한 번도 국제전에서 패배하지 않은 전승신화를 자랑하고 있었다.

술탄 보야지드!

그는 1396년 10만의 유럽 십자군을 단번에 괴멸시키고 서유럽을 공포의 도가니로 몰아넣으며 오스만제국을 신흥강국으로 부상시키고 있었다.

두 사람의 운명을 건 한판의 승부를 초조하게 지켜보는 관중들도 있었다. 그들은 서유럽 사람들이었다. 과연 누가 승리할 것인가를 두고 이들은 설전을 벌이고 있었다. 대부분의 서유럽 사람들은 자신의 십자군 10만 대군을 단칼에 무찔러 버린 보야지드가 우세할 것으로 판단하였다. 한 번도 아미르 티무르의 군대와 맞서 싸운 적이 없었기 때문에 그들은 그가 승리할 것이라고 예상하지 않았다. 그러나 분명한 것은 서유럽 사람들의 운명이 그에게 달려있었다. 그가 패배한다면 이미 비잔티움의 공략을 선언한 보야지드의 이슬람 군대에게 기독교 서유럽은 속수무책으로 당할 수밖에 없기 때문이다.

얼마 전까지만 해도 보야지드는 십자군을 무찌르고 이교도의 성지 비잔티움을 향해 나가려고 했다. 서유럽은 말 그대로 풍전등화의 위기였다. 그런데 뜻밖에도 중앙아시아에서 원정을 단행한 아미르 티무르라는 자가 그의 유럽 공략을 중단시켰다는 소식이 전해졌다. 유럽인들은 그 역시 이슬람을 신봉하는 무슬림이라는 것을 잘 알았다. 과

연 무슨 차이가 있겠는가! 누가 이기든 서유럽의 어떤 국가들도 이들을 당해낼 수 없음을 그들은 잘 알았다. 따라서 서유럽의 국왕들은 아미르 티무르와 접촉하여 그의 속마음을 읽어내려고 서둘렀다. 특히 직접적인 위기에 직면한 비잔티움의 황제 마뉴엘 3세는 그에게 급히 사신을 보내 그의 환심을 사려고 노력했으며 급기야 연합군 형성을 제안하였다. 그러나 아미르 티무르는 "당신들의 군대는 필요 없다!"라고 한마디로 거절하였다. 더 이상 방법이 없었다. 서유럽 사람들은 기적적으로 아미르 티무르가 승리하기를 기원하며 동시대 최강의 두 군대가 전투하는 것을 지켜보아야만 했다. 여름의 절정을 알리는 7월 말의 태양은 이미 평야를 달구고 있었다.

드디어 후대 역사가들에 의해 '앙카라 전투'라고 불린 중세 최대의 전투가 시작되었다.

각각 25만의 정예로 구성된 두 군대는 며칠 동안 전투를 계속하였다. 하지만 아무도 예기치 못하게 전쟁은 어느 순간 한 쪽으로 기울었다. 유럽을 당장이라도 삼킬 것 같았던 술탄 보야지드가 처참하게 포로로 잡히면서 전쟁은 마무리되었다. 아미르 티무르의 완벽한 승리였다. 서유럽 사람들은 기적을 바라보면서 안도의 한숨을 쉬는 대신에 더욱 경악하고 말았다. 10만의 십자군을 물리친 무적의 오스만제국을 단숨에 괴멸시킨 아미르 티무르가 더 공포로 다가왔기 때문이다.

도대체 그는 누구인가?

보야지드의 생포. 샤라
프 앗-딘 알리 아아지,
《자파르-나메》 세밀
화 중에서, 사마르칸트,
1629년

서유럽 사람들은 저 가공할 인물이 언제 자신들에게 칼을 겨눌지 안
심할 수 없었다. 그러나 그들의 불안감과 달리 아미르 티무르는 승리
를 자축한 후 당대의 라이벌인 보야지드를 비롯한 많은 포로들과 전리
품들을 가지고 중앙아시아로 떠났다. 더 이상 아미르 티무르는 서유
럽을 향해 오지 않았다. 서유럽의 각국들은 앞 다투어 아미르 티무르
가 자신들에게 남기고 간 다음과 같은 의문을 연구하기 시작했다.

"그의 엄청난 힘은 어디에서 나오는 것인가?"

"그는 왜 유럽을 침략하지 않았는가?"

2. 여왕이 사랑했던 무슬림 정복자

1588년 작렬하는 7월의 태양은 영국 도버 해협에 꽂히고 있었다.

16세기 에스파냐가 자랑하는 130척의 무적함대 "아르마다"가 뜨거운 바다 위에 그 위용을 자랑하며 나타났다. 반대편에는 규모면에서 약세를 보이는 80척의 영국 함대가 자신이 명명한 무적함대를 마주보고 진영을 갖추고 있었다. 당시 서유럽의 패자 에스파냐는 무적함대를 앞세워 무역과 금융의 중심지 네덜란드를 점령하면서 종교문제로 마찰을 빚어온 영국을 위협하기 시작했다. 이러한 상황에서 이미 영국은 프랑스와 연합군을 형성하고 해적을 이용하여 에스파냐를 괴롭히며 물러설 수 없는 일전을 준비하고 있었다.

서유럽의 초강대국 에스파냐와 유럽의 이류국에 불과했던 영국의 일전이 시작되었다.

모두들 아르마다를 앞세운 에스파냐가 승리할 것으로 장담했다. 9일간 피비린내 나는 전투가 전개되었다. 전쟁의 결과는 예상을 완전히 빗나갔다. 영국이 무적함대 아르마다를 수장시키고 기적적으로 승리하였다. 에스파냐는 54척의 초라한 함대를 간신히 살려서 본국으로 돌아갔다. 네덜란드는 독립할 수 있었으며, 영국은 에스파냐의 뒤를 잇는 서유럽의 초강대국으로 급부상하였다. 서유럽의 국제질서가 재편되는 중요한 전쟁이었다.

영국에게 승리를 가져다 준 자는 엘리자베스 1세(1558~1603)였다. 에스파냐의 무적함대를 물리치고 대영제국의 영광을 출발시킨 여왕이다. 엘리자베스 1세부터 시작되는 대영제국의 탄생과 영광 그리고 몰락을 연구하였던 많은 학자들은 유럽의 이류 국가였던 영국이 어떻게 세계를 지배하는 초강대국으로 성장하였는지 그 원인을 분석하였다. 다양한 결과가 발표되었다. 여기서는 한 가지 흥미롭고 놀라운 내용을 소개하고자 한다.

미국의 중앙아시아 역사 전문가인 베아트리체 만츠Beatrice Manz는 1989년 자신의 저서 『아미르 티무르의 성장과 통치The Rise and Rule of Tamerlane』에서 다음과 같이 주장하고 있다.

"16세기 영국의 엘리자베스 1세는 해양로 개척을 통한 중산주의 국가발전 전략과 식민지개척을 본격화하면서 칭기즈칸보다 아미르 티무르의 통치방식에 관심을 보였다."

또한 '대영제국사' 전문가인 영국의 존 다윈John Darwin은 자신의 저서 『아미르 티무르 사후 진행되는 거대게임: 제국의 글로벌 역사The Great Game Goes On After Tamerlane: The Global History of Empire』에서 다음과 같이 주장하고 있다.

"단일 통치하에서 유라시아 전체를 지배한 마지막 세계 정복자인 아미르 티무르가 1405년 사망하면서부터 시작된 포스트 아미르 티무르의 경쟁은 유럽사회에 화두로 등장했으며 그의 통치 방식을 연구하기 시작했다. 어떻게 하면 아미르 티무르식 제국을 건설할 수 있는가?"

위 두 학자는 엘리자베스 1세의 국가발전전략이 아미르 티무르의 전략을 벤치마킹 한 것이라고 주장하고 있다. 이것을 증명하기 위해 당시의 영국이 아미르 티무르에 얼마나 관심이 많았는지를 설명하는 다음의 사실들을 소개하고자 한다.

엘리자베스 1세의 통치기에 활동하면서 영국의 대문호 셰익스피어와 문학의 양대 산맥을 이루었던 희곡작가인 크리스토프 말로Christopher Marlowe(1564~1593)는 1587년 관객들에게 매우 낯선 작품을 발표하였다. 그 작품의 제목은『템버레인 대왕Tamburlaine the Great』이었다.

이 작품의 내용은 다름 아닌 아미르 티무르의 일대기로 구성되었다. 중앙아시아 시골의 일개 목동이었던 템버레인이 넘치는 야망으로 유라시아의 정복왕이 되는 과정을 극화劇化한 것이다. 크리스토프 말로는 템버레인의 정복욕은 비난의 대상이 아니라 그것은 자연의 법칙이라고 주장하면서 그의 위대한 힘을 찬미하였다. 그의 희곡은 성공적으로 시연을 마쳤으며 현재도 그의 대표작으로 평가 받고 있다. 크리스토퍼 말로의『템버레인 대왕』이 공연된 다음 해에 영국은 불가능하게 느껴졌던 에스파냐의 아르마다 함대를 격침시켰다. 엘리자베스 1세는 집권 시에 몰락했던 영국을 부활시키기 위해 장기간의 전략을 수립하였다. 그녀의 전략 속에 아미르 티무르의 전략이 포함되었다. 몰락한 영국을 살리기 위해 집권층과 더불어 영국인들 역시 노력하였다. 이러한 집권층의 의도를 반영한 대표적인 작품이 바로 『템버레인 대왕』이라고 추정된다.

이것은 당시의 영국 분위기를 설명하고 있다. "아미르 티무르의 가공할 힘은 어디에서 나오는가?" 서유럽에서 부활한 영국은 유럽대륙이 경이롭게 생각하였던 아미르 티무르의 파워에 반한 엘리자베스 1세가 있었기에 가능하였다. 아미르 티무르의 전략을 여왕은 다른 무엇보다도 사랑하였던 것이다.

1724년 10월 31일.

영국 런던의 왕립극장. 당대에 세계를 지배하고 있었던 초강대국 대영제국의 중심인 런던에서 유럽문명의 상징인 기독교를 대표하는 종교 음악가이자 서양 음악의 어머니로 칭송 받고 있는 게오르그 프리드리히 헨델(1685~1759)이 긴장한 가운데 지휘봉을 잡고 서 있었다. 오페라 제목은 「타메르나노Tamerlano」였다. 이 작품은 12번의 앙코르 공연으로 이어졌으며, 독일에서도 공연되는 등 큰 성과를 거두었다. 지금도 헨델의 대표작으로 인정받고 있다. 이 오페라는 14세기 초에 유라시아대륙을 지배하였던 야만적인 유목민이자 무슬림 정복자였던

'타메르나노'가 동일한 이슬람 국가인 오스만제국의 통치자 술탄 '보야지드'를 '앙카라 전투'에서 무너뜨리는 역사적 사실을 기반으로 하였다. 유럽문명의 핵심인 기독교를 찬양하는 종교음악의 대표적인 작곡가 헨델이 이 작품을 창작하였다는 것 자체가 파격이었다. 그는 자신의 오페라에서 주인공을 모두 무슬림 통치자로 선정하였으며 기독교적인 내용을 배제시켰다.

헨델의 오페라 타메르나노tamerlano CD 표지

말로우의 희곡 템벌레인tamburlaine의 표지

18세기는 대영제국의 전성기였다.

만약에 엘리자베스 1세가 아미르 티무르의 전략을 연구하였으나 그 뜻을 이루지 못했다면 아미르 티무르의 존재는 서유럽대륙에서 사라졌을 것이다. 그러나 그의 전략이 바탕이 된 영국의 국가발전전략이 성공을 거두었기 때문에 당대의 위대한 종교음악가 헨델이 아미르 티무르라는 인물을 찬양하는 오페라를 만들었던 것이다. 결과적으로 이류 국가였던 영국을 제국의 형태로 그리고 초강대국의 반열로 부상시킨 엘리자베스 1세의 원천 전략이 아미르 티무르에서 비롯된다고 해도 틀린 말은 아닐 것이다. 헨델은 일차적으로 기독교 사회를 구해준 아미르 티무르를 찬양하였다. 앙카라 전투에서 만약 그가 패배하였다면 서유럽은 엄청난 재앙을 만났을 것이다. 그리고 헨델의 오페라를 이탈리아가 아닌 대영제국의 중심에서 초연하게 만든 영국인들은 그의 전략을 찬양하였을 것이다. 그의 원천 전략이 없었다면 자신들이 자랑하는 제국이 존재하지 못했기 때문에. 실제로 우즈베키스탄의 역사학자 라프샤노이 투르수노바Ravshanoi Tursunova는 16세기부터 20세기까지 유럽대륙에서 발표된 아미르 티무르 관련 예술작품이 60여 편이 된다고 확인하였다.

시대는 변하여도 동일한 목적을 달성하기 위한 원천 전략은 존재하고 있다. 그러나 무서운 것은 그것이 진화되고 있다는 사실이다.

아미르 티무르가 창조한 제국의 원천 전략은 무엇일까? 아미르 티무르는 대륙을 어떻게 이해하고 설계하고 경영하였을까? 이제부터 그의 일대기를 통해서 하나씩 살펴보도록 하자.

타슈켄트에 있는 아미르 티무르 동상

제2장

'샤히브키란'의 탄생

중세를 넘어 근세를 설계하였던 위대한 지배자가

어떻게 역사 속에서 완벽하게 사라졌을까?

1. 800년마다 한 번씩 빛나는 별 '샤히브키란Sahibkiran'

지구를 지배한 자와 인류를 지배한 자

세계사는 지구를 지배한 자인 칭기즈칸이 출현한 13세기 전과 후로 나눌 수 있다.

초원의 바람같이 어디선가 나타난 칭기즈칸은 1204년 몽골초원을 통일하고 그 세력을 몰아 파죽지세로 중국으로, 중앙아시아로, 중동으로, 그리고 러시아로 달려갔다. 시대를 초월하는 기마병인 '푸른군대'를 앞세워 그는 몽골제국이 유라시아를 통일하는데 초석을 다지고 1227년 다시 바람같이 어디론가 사라졌다. 그리고 그의 후손들은 마침내 인류 역사상 전무후무한 기록인 몽골제국의 유라시아통일을 달성하였다. 칭기즈칸과 그의 후손들은 이전까지 불가능하다고 믿었던 지구의 지배를 단숨에 이룩하고 말았다. 문명을 만들어 역사를 주도하였던 정주민들은 13세기가 치욕의 세월이었으며 반대로 문맹이자 문명의 파괴자였던 유목민들은 13세기가 최고의 세월이었다.

후대의 학자들은 지구를 지배한 유일한 집단인 몽골제국에 대해 연구를 시도하였다. 그들은 동서양의 문명 정주민들이 어떻게 문맹의 유목민들에게 정복당했는지를 심도 깊게 연구하였다.

인류는 역사가 시작되면서 자신들이 처한 지리적 환경에 따라 정주민과 유목민으로 나누어졌다. 비옥한 토지 위에 농사를 짓고 교육을 통해 안정을 추구하던 정주사회는 인구성장이나 경제력에 있어서 유목사회를 압도했다. 반대로 척박한 환경에서 목축을 하며 이동하던 유목사회는 상대적으로 교육, 인구성장, 경제력이 낙후되었다. 시간이 흘러 두 집단간의 격차는 벌어졌다.

『강대국의 흥망성쇠The Rise and Fall of Great Power』를 집필한 폴 케네디 Paul Kennedy는 강대국의 조건이 경제력과 군사력이 비례하여 성장하는 데 있다고 주장하였다. 그러나 그의 법칙은 근대에 적용되는 기준이지 그 이전까지는 적합하지 않다고 볼 수 있다. 풍부한 경제력과 인구를 가진 정주민 사회와 국가가 유목제국들에게 짓밟히는 것은 이를 반증하고 있다. 칭기즈칸제국과 같은 유목제국의 출몰은 이미 이전에도 있었다. 중국의 본토에는 끊임없는 유목민들의 약탈과 침략이 존재하였다. 실제로 중국본토의 역대 정착 왕국들은 만리장성 너머 유목제국의 침략에 제대로 승리한 적이 없었다. 흉노, 투르크(돌궐), 거란, 여진 등의 북방 유목제국은 중국본토를 철저하게 유린하였다.

중국에서 칭기즈칸의 출현은 놀라운 사실이 아니었다. 유목집단의 침략은 언제나 있었던 연례행사와 같았다. 근대화 이전에 국가의 힘은 경제력에 의해 좌우되는 것이 아니라 군사력에 있었다. 동시대에 첨단의 군사력은 경제력을 극복하고도 남았다. 사실 대포와 총의 발명은 경제력에 의존해야만 한다. 이 무기들을 만들기 위해서는 철광산업이 발달해야 하고 공장을 건설할 수 있는 경제력이 바탕이 되어야 한다. 그러나 중세에 군사력은 이 정도로 엄청난 규모의 경제력이 필요가 없었다.

유목민이 정주민에게 승리한 것은 기마전술의 우월성에 있었으며 말이 중요한 군사무기였기 때문이다. 말은 초원에 풍부하였다. 아무리 정주민이 경제력으로 우월하다고 해도 말은 그들에게 부족하였다. 기마병을 앞세운 푸른군대의 신출귀몰한 전술은 동시대의 어떠한 군대도 이길 수 없었다. 게다가 춥고 척박한 지리환경에서 성장한 유목민들은 태어나면서부터 말과 함께 유년시절을 보내고 사냥으로 성인이 되었으며 언제나 긴장 속에서 주변의 부족들과 전쟁을 치르면서 생을 마감하였다. 그들에게 생활은 바로 전쟁이며 전쟁이 바로 살아가는 이유였다. 이러한 라이프 사이클을 가진 유목민과 농사를 짓고 학

몽고의 푸른군
대가 러시아
군대와 칼카
강변에서 전투
를 벌이고 있
다.

업을 하는 과정에서 병사가 되어 전쟁에 나가는 정주민과의 대결은 백
전백승 유목민의 것이었다.

　이러한 논리에 따르면, 칭기즈칸의 몽골제국이 지구를 지배한다는
것은 이미 예견된 사실이었다. 유목민들이 세계를 지배하게 되는 시
기가 늦게 온 이유는 발전의 순간에 정주민들에게 당하였기 때문이
다. 정주민의 군사력이 유목민보다 우월해서라기보다는 유목민 스스
로의 자만과 분열에 기인하여 자멸한 것이다. 정주민에게 가장 무서
운 것은 유목 기마병이지만 유목민에게 가장 무서운 것은 내부 분열이
었다. 한이 흉노를 물리치고 당이 돌궐을 물리친 것은 그들의 군사력
이 강한 것이 아니라 유목제국의 내분으로 인해 가능하였다. 유목제

국은 카리스마를 가진 지도자에 의해 움직인다. 그러나 그의 사후 권력 승계에 문제가 발생하면 단기간에 분열되고 군사력마저 흔들리고 만다. 이 기회를 정주민들은 놓치지 않았다. 이처럼 불안하게 간신히 정주민들은 자신의 문명을 보존하며 유목제국을 견제하면서 자신들의 우월성을 후대에 알려왔다. 그러나 마침내 13세기는 정주민의 모든 것을 유목민인 칭기즈칸에게 바치도록 강요당했다.

그로부터 1세기가 흘렀다.

중국을 넘어 지중해까지 몽골제국은 4개의 국가로 지구를 지배하고 있었다. 중동에는 '일칸국'이, 중앙아시아에는 '차카타이칸국'이, 러시아 일대에는 '킵차크칸국'이 그리고 중국본토에는 '원'이 대륙을 분할하여 통치하였다. 그러나 세상은 변하고 있었다. 불가능하게 여겼던 몽골제국을 무너뜨리는 순간이 오고 있었다. 이 위대한 제국 역시 유목민의 한계를 벗어나지 못하였다. 적은 내부에 있었다. 칸국들간의 충돌과 소모전은 내분으로 치달았으며 1세기 넘게 이들을 바라본 정주민들은 거목을 무너뜨릴 시기를 찾기 시작하였다. 무엇보다 최첨단의 군대인 푸른군대가 유라시아 피지배 국가들에게 보편화되고 있었다. 몽골제국의 독점적인 기마병과 기마술이 이제 더 이상 그들만의 것이 아니었다. 14세기로 들어가면서 대륙의 모든 사람들은 지구를 지배한 몽골제국이 서서히 기울어가고 있음을 느꼈다. 그러나 이 세기에 또 다른 몽골인이 지구의 지배를 넘어서 인류를 지배하리라고는 상상도 못하고 있었다.

세계사는 인류를 지배한 자인 아미르 티무르가 출현한 14세기 전과 후로 나눌 수 있다.

지구를 지배한 자와 인류를 지배한 자의 의미부터 분명히 해야 할 것이다. 지구를 지배한 자는 단지 물리적으로 지배하지만 인류를 지배한 자는 물리적인 영역을 넘어서 정신적인 영역까지 포함해서 지배한다. 몽골제국은 첨단의 기마병으로 물리적인 영토 확장을 달성하였지만 당대 역사에서 정신적인 정복은 이룩하지 못했다. 오히려 정복지의 정신문명에 지배를 당하고 말았다. 당대의 최고 정신문명이었던 중국문명과 이슬람문명은 비록 시간이 걸렸지만 몽골인들을 흡수하였다. 그리고 제국은 무너졌다. 게다가 이후 몽골은 세계사에서 사라졌다.

아미르 티무르의 출현 이전까지 세계는 몇 차례 위대한 정신적 지배자를 배출하였다. 우리가 아는 종교지도자들이다. 그러나 이들에게도 한계는 있었다. 종교의 정복지는 확장되었지만 해당 종교를 신봉하는 신도들에 의해 상호간 종교에 대한 배타적 흐름이 큰 물결로 확장되어 건널 수 없는 강으로 발전하였다. 몽골제국은 이러한 흐름에서 자유로웠다. 그래서 지구를 정복한지도 모른다. 종교적 명분으로 소비되는 종교전쟁으로 지칠 대로 지친 지구촌 곳곳은 이들의 침략을 막아낼 수 없었다. 그러나 정주사회의 종교와 문명은 결국 몽골제국을 다시 삼켜버렸다. 종교에서 자유롭더라도 정신문명을 주도하지 않으면 제국은 망한다는 교훈을 보여주었다.

앞에서 살펴보았듯이 아미르 티무르는 기독교 사회가 찬양하였던 무슬림 정복자들 중에 한 사람이었다. 그의 사후 몇 세기가 지나도록 유럽의 저명한 예술가들은 그를 부활시키고 있었다. 그리고 그의 후손들은 인도로 넘어가서 찬란한 무굴 제국을 건국하였다. 지금도 사마르칸트에는 그의 정신세계가 살아서 숨 쉬고 있다. 중국을 제외하고 3대 문명이 존재하였던 중동, 인도를 넘어 유럽까지 자신의 물리적이고 정신적인 흔적을 남긴 지구상의 인물은 아미르 티무르를 제외하고는 이전까지 없었다. 지구를 지배한 몽골제국은 지구를 파괴하고 그 위에 자신의 제국만을 세웠다. 그러나 인류를 지배한 아미르 티무르는 지구에 존재하는 기존의 문명 위에 자신의 문명과 정신세계를 남겨놓았다. 그리고 후대에 세계를 움직이는 전략을 남겼다.

'샤히브키란'이라 불린 아이

1336년은 중국본토를 지배하던 몽골제국의 중심인 원이 쿠빌라이의 명령에 따라 한반도까지 세력을 뻗어 고려를 통치하고 있었다. 그리고 그 해 봄에 유라시아의 점성술사들은 중앙아시아의 이름 없는 초원 위에서 세 번째로 샤히브키란이 빛나고 있음을 알았다. 그리고 곧 인류 전체를 지배할 자가 탄생할 것임을 알았다.

유라시아의 점성술사들은 인류를 지배하는 자의 탄생은 800년마다 빛나는 별의 출현으로 알 수 있다고 한다. 그것이 바로 '샤히브키란'이 다. 그들은 이 별이 최초로 빛났을 때 알렉산더 대왕이 그리고 두 번째 빛났을 때 예언자 무함마드가 탄생하였다고 주장한다. 주지하는 바와 같이 알렉산더 대왕은 헬레니즘이라는 정신문명을 가지고 인류의 반을 지배하였으며, 무함마드는 이슬람으로 인류의 반을 지배하였다. 그리고 공통적으로 이들은 물리적 영토까지 확장시켰다. 그러나 이슬람은 알렉산더 대왕을 유럽은 무함마드를 거부하였다.

현재 우즈베키스탄의 두 번째 도시인 사마르칸트 부근의 케쉬 Kesh(현재는 샤흐리사브스Shakhrisabz)라는 작은 마을에서 아미르 티무르는 1336년 4월 9일 탄생하였다. 그의 어머니인 '테키네 호툰'은 자신이 꾸었던 태몽을 나중에 아들에게 이야기해 주었다.

"한번은 꿈속에서 아랍인처럼 생긴 아주 잘 생긴 청년이 내게 칼을 주었다. 나는 그것을 받아들고 휘두르기 시작했다. 그런데 갑자기 그 검에서 번쩍하면서 빛이 나오더니 온 세상을 비추었다. 나는 아침에 일어나자마자 현자에게 달려가서 해몽을 해달라고 했다. 그는 꿈이 운명을 이야기해준다고 했다. 신이 내게 아들을 보낼 것이고 그 아들 은 세계를 지배할 것이라고 했다. 모든 무슬림들이 존경할 것이고 힘 든 세상을 밝혀줄 것이라고 했다. 꿈은 곧 현실로 이루어졌다. 신은 내게 너를 내려주셨다."

위대한 정복자에게는 태몽과 더불어 탄생신화가 존재한다. 아미르 티무르 역시 이러한 태몽을 가졌으며 태어났을 때 이마에 위대한 인물을 상징하는 혹이 나 있었다고 전해진다. 무엇보다 그가 인류의 지배자가 될 것이라는 전설은 몽골제국 이후의 몽골전통 계보를 설명하고 있는 '악바르나마'와 '투르크 계보'에서 찾을 수 있다. 다음과 같은 내용이 전해지고 있다.

"알란 코아의 후손 투마나칸은 힘과 용기로 몽골과 투르키스탄의 대부분을 정복하였다…… 그의 쌍둥이 아들 중 한 명은 칭기즈칸의 증조부인 카불이었고 다른 한 명은 카출리였다…… 카출리는 아미르 티무르의 8대 선조이다. 그는 어느 날 밤에 꿈에서 반짝이는 별이 카불의 가슴으로부터 나오는 것을 보았다. 그 별은 하늘 끝까지 올라간 후 사라졌다. 이러한 현상이 세 번에 걸쳐 발생하였다. 네 번째로 카불의 가슴에서 나온 놀라운 별은 그 빛으로 지평선을 덮었다…… 카출리는 다시 꿈속에서 7개의 별이 자신의 가슴으로부터 연달아 나타나 사라지는 것을 보았다. 끝으로 8번째 나온 거대한 별은 전 세계를 밝혔다. 날이 밝자 카출리는 투마나칸에게 이 꿈에 대해 이야기 했다. 투마나칸은 다음과 같이 꿈 내용을 해석하였다. 카불에 이어 3명

의 왕자들이 칸에 오를 것이다. 그리고 4번째로 출현하는 칸(칭기즈

칸)은 지구의 대부분을 지배할 것이며 그의 아들들은 각자의 영토를

통치하게 될 것이다. 그리고 카출리의 8번째 후손은 전 인류를 지배

하는 군주(아무르 티무르)가 될 것이다⋯⋯."

'샤히브키란'은 일반적으로 '행운의 별'을 의미한다. 이슬람세계에

서 이 별이 아미르 티무르를 지칭하는 또 다른 명칭으로 사용되었으

며 왕 중의 왕을 뜻했다. 그러나 추상적인 전설의 별에서 벗어나면 샤

히브키란은 원래 원으로 연결된 트라이앵글을 의미한다. 아미르 티무

르는 실제로 자신이 샤히브키란의 존재임을 인식하고 살았으며 이것

을 상징적으로 활용하였다. 그는 자신의 군대를 표시하는 기에 삼원

을 그려서 사용하였으며 그의 시대에 주조된 동전의 모양에서도 샤히

브키란이 발견된다.

세 개의 원은 숫자 3과 같은 의미를 가진다.

동서고금을 막론하고 3의 의미는 '종합, 안정, 완성'을 뜻한다.

우리나라 역사와 문화에서도 3과 관련된 다양한 흔적을 찾을 수 있다.

역사적으로 3의 출발은 단군신화에 등장하는 풍백風伯, 우사尤史, 운사雲師 3인 그리고 천부인 3개에서 찾을 수 있으며 다음으로 고구려의 국기를 상징하는 삼족오에서도 3이 나타난다. 민속적으로도 삼신할매, 삼줄(탯줄), 삼재 등 다양하게 등장한다. 결과적으로 우리민족에게 3은 신성한 숫자이며 안정과 완성을 의미하였다.

샤히브키란도 마찬가지이다.

일반적으로 두 개의 원은 유목과 농경의 균형을 의미한다. 그리고 추가된 한 개의 원은 두 개의 원과 합쳐지면서 다이내믹한 체제의 통합을 뜻한다. 여기서도 안정, 완성, 종합의 개념을 찾을 수 있다. 더 나아가서 비교해보면 3이란 헤겔의 변증법에 나타나는 3단계인 정반합과 같은 논리를 가진다.

아미르 티무르는 샤히브키란의 존재로 탄생하였으며 평생을 3원이 상징하는 철학적 사고를 바탕으로 국가를 운영하고 자신의 세계를 지배하였다. 유라시아대륙은 다양한 정신문명과 물질문명이 공존하는 곳이다. 편협하게 한쪽에 치우치거나 이를 무시한다면 저 광활한 대륙을 지배할 수 없었다. 몽골은 물리적 정복을 통한 지구의 지배에 그

1. 아미르 티무르 제국의 국기(삼원기. 국기의 바탕색은 파랑색이며 원은 흰색으로 이루어져 있다.)
2. 아미르 티무르 시대에 주조한 동전 모양

쳤으나 이보다 높은 단계인 인류를 지배하려는 진정한 정복자에게 세 개의 원이 가지는 의미인 안정, 완성, 종합이라는 균형 잡힌 정신적 사고는 무엇보다 중요하였다. 그는 세 개의 원으로 이루어진 샤히브 키란을 누구보다도 잘 이해한 인물이었으며 이를 복잡한 대륙의 환경에 접목한 정복자였다. 이를 바탕으로 아미르 티무르는 당대의 3개 대륙인 아시아, 유럽, 아프리카를 지배하였다.

2. 몰락한 역적의 가문에서 태어나다

조카를 죽이려 했던 삼촌

아미르 티무르의 가문은 몽골의 귀족인 바를라스Barlas계이다.

이 가문은 전통적으로 전쟁으로 잔뼈가 굵어진 전사를 배출해왔다. 이러한 집안의 내력으로 인해 바를라스계는 칭기즈칸의 몽골 통일에 기여하여 황금씨족Altan Urugh으로 인정받았으며 이후 중앙아시아를 통치하라는 명령을 받고 이주를 했다.

그러나 14세기에 들어서면서 바를라스계는 차카타이칸국의 14대 통치자인 케벡칸에게 저항하였다가 역적으로 몰려 가문이 몰락하고 말았으며, 결국 변방의 한직으로 쫓겨나고 말았다. 아미르 티무르는 이미 몰락한 역적의 가문에서 출생하였다. 당시에 바를라스 가문을 이끌고 있었던 자는 그의 아버지인 '타라가이 바를라스'가 아니라 그의 작은아버지인 '하지 바를라스'였다. 아미르 티무르의 아버지는 이슬람의 수피즘에 심취하여 속세의 출세를 위해 야망을 키우지 않았다. 오히려 그의 동생인 하지 바를라스에게 집안의 미래를 부탁하였다. 이러한 상황에서 아미르 티무르는 유년시절에 삼촌인 하지 바를라스의 끊임없는 견제에 시달려야 했다. 유목 사회의 권력 다툼은 실제로 삼촌과 조카 사이에서 빈번하였다.

특히 다음과 같은 일화는 하지 바를라스를 더욱 긴장하게 만들었다.

당시 케쉬의 통치자였던 하지 바를라스가 어느 날 페르시아에서 초청한 점성술사를 만나 대화를 나누었다.

"나를 이어서 이 지역을 통치하는 자가 누가 될 것인가?"

하지의 질문에 점성술사는 '티무르'라는 이름을 가진 훌륭한 병사가 당신의 자리를 차지할 것이라고 대답했다.

"그는 지금 어디에 있는가?"

하지가 다시 물으니 점성술사는 아직 태어나지 않았으나 곧 세상에 존재할 것이라고 대답했다. 그는 계속해서 아이의 어머니가 여기서 가까운 일리가르에 살고 있다고 했다. 그런데 당시에 아미르 티무르의 아버지 타라가이 바를라스는 일리가르에 거주하고 있었으며, 그의 부인인 테키네 호툰이 곧 출산을 앞두고 있었다. 하지 바를라스는 불안함을 덮어버리기 위해 군사를 이끌고 싹을 잘라버리려고 일리가르로 출발하였다. 그러나 이미 그의 출격을 전해들은 타라가이 바를라스가 부인을 다른 곳으로 보내버려 화를 면할 수 있었다.

유목 부족들에게 나타나는 삼촌과 조카의 권력투쟁은 보편적인 현상이다. 이를 익히 잘 알고 있는 하지 바를라스는 그의 미래 정적을 제거하려고 하였으나 실패하고 말았다. 그는 분을 삼키며 어디선가 태어날 조카의 출생을 기다려야 했지만 이후 끊임없이 아미르 티무르를 견제하기 시작하였다.

아미르 티무르는 몽골인의 혈통을 가지고 있었지만 태어나고 성장하면서 이미 몽골제국 이전에 중앙아시아에 정착하여 이슬람으로 개종한 투르크인들의 영향을 받았다. 그의 정체성을 한 문장으로 나타내면 '위대한 몽골제국의 후손이자 투르크화된 몽골인'이다.

유라시아사 연구의 거장이자『유라시아 유목제국사』의 저자인 르네 그루세Rene Grousset는 아미르 티무르의 혈통을 투르크로 분석하였다. 그가 몽골 혈통이라고 알려진 것은 자신과 그의 후손들이 조작한 것이라고 주장하였다. 특히 르네 그루세는 아미르 티무르의 혈통이 투르크이기 때문에 중앙아시아의 지배집단인 몽골에 대항한 투르크의 저항에 아미르 티무르가 중심이라는 대결구도가 가능하다고 가정하였다. 그러나 현재 우즈베키스탄의 역사학자들마저도 아미르 티무르의 혈통적 정통성을 몽골에 두고 있기 때문에 르네 그루세가 주장한 아미르 티무르와 그의 후손들이 의도적으로 몽골의 혈통과 자신들과의 연관성을 허위로 조작했다는 것은 한 번 더 생각해 볼 문제이다. 르네 그루세가 가정한 몽골과 투르크의 대결구도는 몽골의 전통을 지키는 칭기즈칸 직계의 몽골귀족층 및 그들을 따르는 몽골인(자트Jat)과 동화된 몽골인(카라우나스Qaraunas)의 대결구도로 보아야 할 것이다. 특히 아미르 티무르를 알현한 이븐 할둔Ibn Khaldun과 스페인의 사신 클라비오Clavijo는 그를 '차카타이인'으로 지칭하였으며, 아미르 티무르의 전기를 저술한 이븐 아랍샤흐Ibn Arabshah는 그의 의식구조가 칭기즈칸의 전통에 뿌리를 두고 있다고 명시하였다.

속세를 등진 아버지와 일찍 세상을 떠난 어머니

아미르 티무르는 성장하면서 주위의 사람들이 자신을 '샤히브키란'

이라고 하면서 주목하는 것을 알았다. 마을 사람들은 그가 무너지는 가문을 일으키고 몽골의 통치를 주도할 미래의 차세대 주역으로 성장할 것이라고 기대하였다. 그러나 실상 아미르 티무르의 미래는 어두웠다. 작은아버지 하지 바를라스가 계속해서 그를 견제하고 있었기 때문이다. 그는 아미르 티무르가 태어난 이후에도 자신의 형과 가족들을 경계하였으며 일리가르를 한 번도 방문하지 않았다. 무엇보다 문제는 아버지 타라가이에게 있었다. 안하무인인 동생의 행동에 대해 별다른 저항을 보여주지 않고 언제나 코란만을 읽고 낭송하며 세월을 보내고 있었기 때문이다.

어느 날 타라가이는 아들을 불러놓고 다음과 같이 말했다. "세상은 전갈과 뱀으로 채워진 황금색 항아리보다 더 좋지 못한 것이다. 나는 세상에 지쳤다." 실제로 그는 속세에서 제대로 적응하지를 못하였다.

이러한 타라가이의 종교적 심취는 나중에 아미르 티무르의 성장에 커다란 도움이 되었다. 타라가이는 세속의 욕망보다는 수피즘을 믿고 따르기 위해 자주 집을 떠나 수행을 하였다. 실제로 그의 아버지는 이슬람으로 개종한 최초의 몽골귀족으로 유명한 카라차르 노욘Qarachar Noyon의 손자였다. 그는 군사적으로 출세를 할 수 있었지만 아버지 바르쿨Burkul과 같이 속세를 떠나 은둔생활을 하며 자신의 종교인 수피즘에 중심을 두었다. 바르쿨은 하나피파의 호라즈미Abd aljabbar Khwarazmi를 종교적 지도자로 존경하였으며, 이는 아미르 티무르 가문이 이슬람 지도자들과 인연을 맺게 하는데 중요한 역할을 하였다. 이러한 과정은 나중에 아미르 티무르가 수피즘의 대가이자 종교지도자인 사이드 바라카Sayyed Barakah와 관계를 가지는데 결정적인 역할을 하였다. 따라서 아미르 티무르는 다른 몽골인들보다 수월하게 이슬람을 접하게 되었으며 나중에 이슬람을 자신의 힘으로 활용하는데 이러한 배경이 도움이 되었다. 그는 자신의 생애에 어려운 일이 닥치면 항상 코란을 찾았다고 한다.

아미르 티무르는 7살이 되던 1343년 여름 고향을 떠나 카르쉬로 유학을 떠났다. 5년에 걸쳐 그는 친척인 하지 알림의 집에서 기거하며 학교에서 읽기, 쓰기 그리고 역사 등을 배웠다. 하지 알림은 수없이 질문을 하는 아미르 티무르에게 친절하게 답변을 해 주었으며 그가 '사히브키란'이라고 해서 특별히 다른 대우를 하지는 않았다. 아버지의 영향으로 이슬람을 믿고 독실한 무슬림으로 성장한 아미르 티무르는 유년시절에 익힌 몽골어, 페르시아어, 투르크어를 바탕으로 독서에 관심을 두었다. 이 시기에 그는 지붕에 올라가서 아름다운 풍경을 관찰하는 것을 좋아했다. 그곳에서 그는 사마르칸트로 향하는 대상들을 바라보았는데 그들이 어디로 향하는지 살펴보았다. 만약 대상 행렬이 그의 고향으로 향하면 그는 기뻐하면서 아버지께 알렸다. 아버지는 이들을 맞이할 준비를 하였고 아미르 티무르는 그들로부터 알지 못하는 나라의 이야기와 재미난 이야기들을 귀담아 들었다. 그는 육

체적으로 성숙하면서 몽골 전통의 무예연마를 시작하였으며 마을의
또래들과 전쟁놀이를 즐겨 하였다. 대장을 맡은 아미르 티무르는 비
록 놀이이지만 자기편이 승리하도록 구성원들을 통솔하였다.

여기서 우리는 아미르 티무르의 성장에 기존의 몽골인과는 다른 파
격적인 모습을 찾게 된다.

첫째, 그는 말 위에 앉아서 코란을 읽는 몽골인이다.

말은 몽골의 전통을 말하며 코란은 이슬람을 뜻한다. 몽골의 전통
은 바로 칭기즈칸의 대자사크Yeke Jasag를 의미한다. 몽골제국의 위대한
역사를 탐독하면서 그는 코란을 읽어 나갔다. 그리고 패거리들을 이
끌고 무예를 연마하였다. 그는 14세기 당대에 존재하였던 두 첨단 문
명인 몽골제국의 군사軍史와 이슬람을 동시에 습득하면서 성장하였
다. 아미르 티무르는 청년이 되면서 사냥을 나가기 시작하였다. 몽골
인에게 사냥은 담력을 키우는 방법이었으며 가상의 전투였다. 무엇보
다 그는 하지 바를라스의 견제 속에서 자신의 안전은 스스로 지켜야
한다고 믿었기 때문에 무예 연마에 게으르지 않았다. 아미르 티무르
가 살았던 중앙아시아는 지배자 몽골인들과 피지배자 무슬림들이 상
존하는 공간이었다. 그는 대자사크와 코란을 철저하게 읽고 연구하여
두 세력의 문화를 터득하였는데 이러한 과정을 가졌던 기존의 지도자
들은 없었다.

둘째, 그는 한 손에는 코란 다른 한 손에는 대자사크를 든 몽골인

이다.

3. 중앙아시아 몽골동포 내전

이처럼 아미르 티무르는 한 손에는 대자사크를 그리고 다른 손에는 코란을 들고 중앙아시아 주민들에게 다가갔다. 실제로 당대를 주도하던 문명과 사상은 몽골제국의 통치전략을 비롯한 군사전략이었으며 또 하나는 이슬람이었다. 14세기 유럽의 기독교는 혼란의 소용돌이에 직면했다. 십자군 원정의 실패로 인해 교황의 권위가 추락했으며 이를 틈타 국왕의 지위가 향상되었다. 이러한 과도기적 상황에서 유럽은 여전히 아시아와 비교하면 후진적 수준을 벗어나지 못했다. 게다가 구교에 반발하는 신교의 출현으로 소모적인 종교분쟁이 강화되었다. 이와 반대로 유라시아에서는 비록 몽골제국의 전성기가 사라지고 있었지만 이 제국에서 벗어나려는 식민 국가들의 항쟁은 전체적으로 대륙의 수준을 향상시키고 있었다. 따라서 아미르 티무르는 당대를 주도하는 두 가지 문명을 철저하게 익히고 있었다. 지도자의 이러한 준비와 열정은 향후 중앙아시아, 나아가 유라시아대륙의 주민들에게 신뢰를 제공하였으며, 나중에 위대한 정복의 과업을 달성하는데 엄청난 힘으로 작용하였다. 이것이 바로 아미르 티무르가 가지는 최대의 강점이었다.

3. 중앙아시아 몽골동포 내전

재在차카타이칸국 몽골동포: 자트Jat와 카라우나스Qaraunas

중앙아시아는 몽골에 의해 정복되면서 칭기즈칸의 둘째 아들인 '차카타이'에 의해 통치되었다. 이후 그의 이름을 따서 차카타이칸국이 세워지면서 본격적인 몽골제국의 지배체제가 구축되었다. 몽골제국은 식민지를 원활하게 통치하기 위해 일부 몽골의 귀족계층을 식민지로 이주시켰다. 그리고 그들을 따라서 몽골인들이 유입되면서 현지의 피지배 주민들을 통제하였다.

시간이 흐르면서 중앙아시아에는 재차카타이칸국 몽골동포들이 생기게 되었다. 다시 말하면, 몽골인이지만 중앙아시아에서 태어난 자들을 의미한다. 우리 역시 이러한 동포들을 세계 곳곳에 가지고 있다. 재미동포, 재일동포처럼 이주한 원인은 다르지만 모국을 떠나서 사는 사람들이 있다. 문제는 세대가 내려가면서 이주 1세대와 2, 3세대간에 의식이 달라지는데 있다. 이주 1세대들은 고유의 민족정체성을 유지하는 경향이 강하다. 모국어, 풍습, 결혼 등에 있어서 전통을 고집한다. 그러나 그들의 차세대들은 현지화 과정을 겪게 되면서 고유의 정체성을 잃어버리기도 한다.

특히 소수의 지배자 몽골인들이 다수의 현지 주민들을 상대로 살아야 하는 과정에서 이주 2, 3세대들은 자신의 고유한 정체성을 잃어버리기 쉽다. 몽골인들은 유라시아의 식민지에서 이러한 경험을 하게 된다. 세대가 내려가면 갈수록 현지의 문화에 동화되어 자신의 정체성을 잊어버리게 되는 경우가 발생하였다. 예를 들면, 몽골제국의 멸망기에 당시의 통치자인 몽골인들은 대다수 중국의 문화에, 이슬람의 문화에 동화되어 있었기 때문에 자신의 모국인 몽골로 철수하는 것을 두려워하였다.

이것 역시 유목제국이 가지는 한계이다.

말에서 내려온 몽골인들은 더 이상 유목민이 아니었다. 일단 내려오면 거주국의 문화에 동화되어 정착인으로 살았으며 유목적 전통에 가치를 부여하지 않았다. 독립한 거주국 주민들에게 보복을 당하는 것이 차라리 편하다고 인식하였다. 실제로 원이 멸망하면서 중국문화에 동화된 몽골인들은 모국인 몽골초원으로 돌아가지 않았다고 한다.

아미르 티무르가 출생했을 때는 이미 이러한 과정이 중앙아시아에서 정착되고 있었다. 몽골의 전통을 지키는 몽골인들과 동화된 몽골인들. 탁월한 무력을 바탕으로 이 지역을 통치하였던 차카타이칸국이 사라지면서 몽골인들만의 헤게모니 쟁탈전이 전개되었다.

위의 대표적인 집단들은 자트와 카라우나스로 불렸다.

전자는 몽골의 전통을 유지한 집단이며 후자는 식민지 문화인 이슬람과 중앙아시아로 이주하여 재정착에 성공한 투르크민족들과 동화된 집단이었다. 따라서 전자는 몽골어를 중심으로 유목적인 전통을 고수하였으나 후자는 이슬람으로 개종하고 투르크어를 구사하였다. 이러한 구분은 지역적으로도 나타난다. 전자는 현재의 카자흐스탄 남부지역에 주로 거주하였으며 후자는 중앙아시아에서 이슬람이 가장 발달하고 투르크인이 대부분 거주하는 현재의 우즈베키스탄을 무대로 활동하였다. 그러나 무엇보다 아미르 티무르가 출생할 당시에 세력 구도는 자트 집단이 주도하는 모골리스탄에 있었다. 이 국가는 차카타이칸국의 계승국가로 부상하고 있었다. 투글룩 티무르가 동투르키스탄에 세운 모골리스탄에 거주하는 자트집단을 카라우나스 집단은 도둑이라고 불렀으며, 반대로 자트집단은 투르크화된 그리고 반유목생활을 하는 카라우나스 집단을 잡종이라고 비아냥거렸다. 이러한 동일한 몽골지배 집단의 충돌은 중앙아시아를 혼란으로 몰고 갔다.

카라우나스의 차세대 리더가 되다

아미르 티무르는 주위의 촉망을 받으며 성장하고 있었다. 그러나 변화는 없었다. 그냥 마을에서 똑똑하고 말을 잘 타는 용맹한 아이일 뿐이었다. 작은아버지의 견제와 아버지의 무관심은 그의 세속적 출세에 장애물로 여전히 남아있었다.

그런데 1350년 그의 나이 14세가 되던 해에 아버지 타라가이가 아미르 티무르를 불렀다. 그리고 아무 말 없이 아미르 티무르를 데리고 길을 떠났다. 목적지는 사마르칸트였다. 그곳에서 개최되는 지역 쿠릴타이에 참가하려던 타라가이는 처음으로 아미르 티무르를 데리고 갔다. 그는 말로만 듣던 당대의 지도자들을 볼 수 있었으나 더 이상 다른 무엇은 없는 것으로 생각했다. 당시 트란스옥시아나Transoxiana(현재의 아무다리야강을 아랍에서 옥서스강이라고 불렀다. 여기서는 옥서스강 건너의 의미로 사용되기 때문에 현재의 우즈베키스탄을 의미한다)의 최고통치자는 카자간Qazghan이었다.

일반적으로 쿠릴타이가 끝나면 몽골식 전투게임이 열렸다. 타라가이는 아미르 티무르를 이 게임에 참가시켰다. 그는 물 만난 고기처럼 상대방을 무너뜨렸다. 마지막 게임에서 그는 상대가 카자간의 손자이자 발흐의 통치자인 미르 후세인Mir Hussein임을 알았다. 결과는 아미르 티무르의 승리였다. 사실 사마르칸트를 중심으로 아미르 티무르의 존재는 이미 알려져 있었다. 샤히브키란을 타고 난 아이라고 소문이 났기 때문이다. 게임을 지켜보던 사람들은 그가 우승을 하자 고개를 끄덕이며 소문이 거짓말이 아니라고 한 마디씩 던졌다. 이를 지켜보던 타라가이는 자식이 이제 트란스옥시아나 전체에 곧 알려질 것이라고 판단했다. 그는 동생의 견제로 인해 자식의 출세가 어려울 것을 예상하였기 때문에 큰 무대가 되는 쿠릴타이에서 아미르 티무르가 마음껏 실력을 발휘하도록 유도하였다. 일단 몽골 귀족사회에서 그의 존재가 각인되면 실력자들이 그를 부하로 삼기 위해 타진을 하기 때문에 동생이 마음대로 어떻게 할 수 없게 된다는 것을 타라가이는 알았다.

아버지 타라가이는 자식이 성장하는 모습을 보면서 기회를 만들고 있었던 것이다.

그의 예상이 적중되는 데는 많은 시간이 필요하지 않았다.

아미르 티무르 부자에게 한 사람이 다가와서 카자간이 두 사람을 초청하였다고 알렸다. 뜻하지 않은 초대를 받은 아미르 티무르와 타라가이는 기회를 놓치지 않았다. 특히 아미르 티무르는 카자간과의 대화에서 박식한 몽골제국의 역사와 이슬람의 역사를 이야기하면서 그의 환심을 받았다. 카자간은 그의 용맹성을 한 번 더 시험하기 위해서 다음 날 사냥에 데리고 갔다. 호랑이가 나타나자 아미르 티무르는 침착하게 창을 던져 호랑이의 가슴에 명중시켰다. 카자간은 그에게 그 가죽을 선물하면서 그가 문무를 겸비한 미래의 인물이 될 것임을 인정하였다. 이 사건으로 아미르 티무르의 명성은 트란스옥시아나에 알려졌다.

실제로 아미르 티무르 부자를 보고자 했던 사람은 그에게 패하였던 미르 후세인이었다. 그는 할아버지께 두 사람을 초청해 달라고 부탁을 드렸다. 이러한 사건 이후 아미르 티무르는 후세인과 친해졌다. 두 사람의 운명적 만남은 과거 칭기즈칸의 동지이자 숙적이었던 자무카와의 관계로 변하게 된다.

1355년 19세가 된 아미르 티무르는 아버지의 주선으로 '나르미쉬-아가'와 결혼하였으며, 그녀는 첫째 아들인 '무함마드 자항기르 바하두르'를 출산하였다. 바를라스 부족의 모든 사람들이 그를 축하해 주었으나 작은아버지 하지 바를라스는 여전히 냉담하였다.

이제 완전히 성인으로 성장한 아미르 티무르는 카자간의 부름을 받고 수행비서가 되었다. 그런데 그의 부하들은 아미르 티무르를 무시하고 냉대하였다. 갑자기 자기들 앞에 나타난 아미르 티무르를 견제하기 위해서 일을 가르쳐주지 않았다. 어떻게 일을 처리해야 하는지 아미르 티무르가 모르게 되면 카자간으로부터 신임을 잃고 쫓겨날 것으로 그들은 계산하였다. 그러나 아미르 티무르는 모든 일을 스스로 파악하고 익혀나갔다. 시간이 지날수록 오히려 카자간은 그를 더욱 신뢰하였다. 아미르 티무르는 우연한 사건을 해결하면서 카자간으로부터 확실한 인정을 받을 수 있었다.

한 파발꾼이 카자간의 막사로 급하게 달려와서 낯선 곳으로부터 온 도적떼들이 짐을 실은 말을 훔쳐서 달아난다고 보고하였다. 아미르 티무르는 즉시 몇 명의 병사들과 함께 뛰어나갔다. 그는 도적떼들의 흔적을 따라 추적하기 시작했다. 그들은 아미르 티무르의 추격을 눈치 채고 두 패로 나누어서 달아나기 시작했다. 한 패는 짐을 실은 훔친 말을 가지고 달아났으며, 나머지 패는 아미르 티무르를 향해 돌진했다. 동료가 아미르 티무르에게 훔친 말을 가지고 있는 자들을 먼저 공격하자고 제안했다. 그러나 아미르 티무르는 그의 의견에 반대했다. 만약에 우리가 공격하는 도적떼들을 제압한다면, 나머지는 자연히 흩어져 달아날 것이라고 자신의 의견을 제시하였다. 아미르 티무르는 그들을 단숨에 제압하였다. 그러자 예상한 대로 말을 훔쳐 달아난 무리들도 훔친 것을 그대로 두고 흩어져 달아났다. 카자간은 아미르 티무르의 공을 치하하고 그에게 자신이 가지고 있던 활 덮개를 선물로 하사하였다.

어느 날 카자간은 아미르 티무르를 불러서 자신의 손녀와 결혼할 것을 권고하였다. 후세인의 누나이기도 한 그녀의 이름은 '울자리 투르칸 아가'였다. 아미르 티무르는 갑작스러운 제의에 당황했다. 그런데 이미 그녀는 이들이 대화하는 것을 엿보고 있었다. 실제로 당시에는 여성이 결혼할 남자를 볼 수 있었다. 울자리 투르칸 아가는 아미르 티무르의 눈을 뚫어지게 쳐다보았다. 그리고 마음속으로 다음과 같이 말하며 결정했다. "너의 운명은 너의 이마에 적혀있다. 너는 그것을 바꾸지 못한다." 아미르 티무르는 그녀를 자신의 두 번째 부인으로 맞았다. 아미르 티무르에게 두 번째 부인은 그 의미가 남달랐다. 당시에 몽골귀족 사회는 칭기즈칸의 직계 후손이냐 아니냐에 따라 대접이 달랐다. 미르 후세인은 칭기즈칸의 직계 후손이었으며 아미르 티무르와 결혼한 후세인의 누이도 마찬가지였다. 따라서 아미르 티무르는 두 번째 부인을 맞이하면서 출신 성분이 상승되었다. 결혼을 통해 그 역시 칭기즈칸의 직계가족으로 받아들여진 것이다. 울자리 투르칸 아가는 아미르 티무르의 두 번째 아들인 '오마르 셰이흐'를 출산하였다.

아미르 티무르는 후세인과 카자간이 어려울 때 마다 적극적으로 도
와주었다. 그는 후세인의 통치 지역에서 발생한 반란을 진압하는데
공을 세웠으며 특히 카자간의 암살기도를 막아내어 24살이 되던 해인
1360년에 쉬비르간의 통치자로 임명되었다. 아미르 티무르의 앞날은
승승장구하는 것 같았다.

그러나 위대한 인물에게 반드시 고난이 따른다. 아미르 티무르 역
시 예외는 아니었다. 카자간이 살해를 당하면서 트란스옥시아나는 부
족간의 암투와 충돌로 다시금 혼란에 빠졌다. 아미르 티무르는 현재
의 상황에서 자신에게 가장 유리한 것이 무엇인가를 곰곰이 생각했
다. 그가 선택한 길은 고향으로 돌아가 후일을 도모하는 것이었다. 병
상에 있던 아버지 타라가이마저 세상을 떠났다. 지금까지 아미르 티
무르의 성장을 돌보아 주었던 두 명의 은인이 그를 떠난 것이다. 그는
이제 트란스옥시아나의 혼란과 무질서에서 홀로 서야만 했다. 그러나
위안이라고 하면 그의 옆에 미르 후세인이 있었다는 것이다.

트란스옥시아나의 무질서는 동부의 자트인들에게 기회를 제공했다.

모골리스탄의 군주 투글룩 티무르Tughluq Timur는 서부로 원정을 감
행하여 1360년 트란스옥시아나를 장악하였다. 카자간의 아들인 미르
자 압둘라Mirza Abdallah는 이를 대처하지 못했으며 트란스옥시아나의 부
족간 질서는 과거보다 더 혼란스러워졌다. 그러나 이 지역의 부족들
은 투글룩 티무르의 휘하에 들어가느냐 아니면 저항하여 전쟁을 치러

야 하는가를 선택해야만 했다. 투글룩 티무르가 호젠트를 장악했다는 소식이 들리면서 케쉬 지역 역시 선택의 귀로에 섰다. 아미르 티무르의 작은아버지이자 케쉬의 통치자인 하지 바를라스는 몽골군의 위력을 두려워하여 도망쳐 버렸다. 이제 케쉬의 운명은 아미르 티무르의 선택에 달렸다. 그는 현재의 상황에서 투글룩 티무르와의 전쟁은 패배가 자명하기 때문에 훗날을 기다려야 하는 것이 현명하다고 판단했다. 그리고 하지 바를라스의 운명에 따라 자신의 위치가 달라지기 때문에 기다릴 필요가 있다고 생각했다. 그러나 그는 자신의 판단을 확인하고 싶었다.

정신적 스승인 사이드 바라카로부터 자문을 구했다. 그는 다음과 같이 충고해 주었다.

"만약 하늘이 활이고 운명이 화살이라면, 사수는 알라이시다. 그로부터 어디로 달아날 수 있겠는가? 현재 투글룩 티무르는 알라의 그림자이다."

아미르 티무르는 자신의 판단대로 실행해 옮겼다.

자신의 모든 재산을 가지고 투글룩 티무르를 알현했다. 그는 당당하게 투글룩 티무르 앞에서 충성맹세를 하였다. 투글룩 티무르 역시 트란스옥시아나를 장악하는데 큰 손실을 바라지 않았다. 그는 아미르 티무르를 자신의 부하로 삼겠다고 알렸다. 그러나 무엇보다 굴욕적인 항복이 그를 괴롭혔다. 그의 결정으로 인해 케쉬 일대는 몽골군의 침략을 받지 않고 무사히 넘어 갈 수 있었다. 아미르 티무르는 케쉬의 대리통치자가 되었다.

일설에 의하면 아미르 티무르가 투글룩 티무르에게 충성맹세를 한 것은 자기의 부족과 지역을 보호하기 위한 것이 아니라 하지 바를라스를 제거하여 부족의 최고 통치자가 되려고 의도적으로 접근했다고 평가하고 있다. 그러나 중앙아시아 동서에 존재하는 동일한 몽골지배계층의 만성적인 권력 다툼에서 상호간에 적대적 감정이 퍼져 있는 가운데 아미르 티무르가 자신의 출세를 위해서 투글룩 티무르를 알현했다는 것은 그에게 직접적으로 저항하는 것보다 위험한 것이다.

아미르 티무르는 자신이 즐겨하는 체스판에서 몇 수 앞을 내다보고 투글룩 티무르를 찾은 것이지 단지 하지 바를라스를 넘어서기 위해 접근하지는 않았다. 아미르 티무르는 그에게 무릎을 꿇게 됨으로서 두 마리 토끼를 잡을 수 있다는 확신이 섰기 때문에 순간의 굴욕을 참아낸 것이다.

백성의 뜻은 신의 뜻보다 강하다

결과적으로 투글룩 티무르의 신임을 얻은 아미르 티무르는 케쉬의 대리통치자가 되었다.

그는 자신의 판단과 알라의 허락이라는 명분으로 세속적 출세의 1단계를 완성하였다고 생각하였다. 그러나 투글룩 티무르가 떠난 후 상황이 급반전하고 있음을 그는 깨달았다.

하지 바를라스가 돌아왔다.

아미르 티무르는 자신의 지위를 이용하여 이번 기회에 작은아버지를 제거하고자 했다. 그러나 그는 너무나도 큰 암초를 만나게 되었다. 마을의 백성들은 오히려 하지 바를라스를 따라갔다. 아미르 티무르를 지지하는 세력은 거의 없었다. 백성들을 버리고 도망간 작은아버지를 오히려 백성들이 지지하는 상황을 아미르 티무르는 이해할 수 없었다. 체포된 그는 죽음을 기다려야 했다. 너무나 허무하고 혼란스러웠다. 그러나 작은아버지는 무엇 때문인지 조카를 살려주었다.

하지 바를라스의 케쉬 장악을 전해 들은 투글룩 티무르는 1361년 대대적인 공세를 감행했다. 몇몇 저항세력들이 있었으나 결국 투글룩 티무르는 이 지역을 다시 평정하였다. 하지 바를라스는 다시 도주하였지만 살해당하고 말았다.

투글룩 티무르는 이 지역의 통치자로 자신의 아들인 '일리야스 호자'를 임명하였다. 결국 아미르 티무르는 모든 이들에게 버림을 받았다.

실제로 아미르 티무르는 투글룩 티무르의 전략에 속아 넘어간 것이다.

그는 아미르 티무르의 혈통을 누구보다도 잘 알았다. 케벡칸에게 저항했던 부족 출신인 아미르 티무르가 아무리 자신에게 충성을 맹세한다고 하더라도 결국 그것은 일시적인 것으로 이해했다. 한시적으로 아미르 티무르의 항복을 통해 이 지역의 내부사정을 파악하고자 했다. 그의 영향력이 얼마나 되는지 그리고 뚜렷한 저항세력과 복속세력을 구분할 필요가 있었던 것이다. 투글룩 티무르는 사마르칸트를 중심으로 이 지역을 완전히 장악했음을 확인한 후 더 이상 아미르 티무르의 활용가치가 없음을 알고 자신의 아들 일리야스 호자를 통치자로 임명하였다. 게다가 그의 처남이자 친구인 후세인이 발흐에서 반란을 일으키자 투글룩 티무르와 일리야스 호자는 그를 더 이상 믿을 수 없게 되었다.

아미르 티무르는 지나온 시간들을 정리하였다.

'왜 백성들은 작은아버지를 지지하였는가?'

'작은아버지는 왜 자기를 죽이지 않았는가?'

그는 마침내 깨달았다. 같은 민족이지만 이슬람을 믿는 동포들을 무시하고 박해하는 투글룩 티무르와 그의 집단들에게 모든 것을 바치고 대리통치자가 된 아미르 티무르를 백성들은 비난하였다. 비록 그의 의도가 이 지역을 우선적으로 살리는 실리적인 이유가 있었다고 하더라도 백성들은 아미르 티무르의 선택을 지지하지 않았다. 민족을 넘어서 이슬람을 믿는 무슬림이라는 공동의식을 가지고 있던 이 지역의 백성들에게 아미르 티무르의 행동은 작은아버지를 몰아내고 출세에만 급급한 속물로 보였던 것이다. 그는 깨달았다. 백성이 뜻이 신이 뜻보다 강하다는 것을. 그리고 작은아버지가 자신을 죽이지 않은 것은 결국 이 지역을 지키고 세력을 키우는 후계자로 조카를 선택하였음을 알았다.

이제 모든 것이 명쾌하게 정리되었다.

샤히브키란은 다른 별과 마찬가지로 스스로 빛을 밝히지 않는다.

자신이 별이라면 빛은 태양에게 있다. 그리고 그 태양은 백성들이다. 다른 별들보다 더 밝게 빛나는 별은 태양의 빛을 보다 많이 받아서이다.

아미르 티무르는 너무나도 많은 것을 깨달았다. 그리고 자신의 어리석음과 부족함을 뉘우쳤다.

백성들이 무엇을 원하는지 그리고 그토록 자신을 미워하고 견제하던 작은아버지가 개인의 욕망과 감정을 떠나 자신을 살려주었던 그 마음을 알게 되었다.

아미르 티무르는 자신이 처한 상황을 이해하게 되면서 계획을 수정하였다. 목표는 뚜렷해졌다. 아직도 분열되어 산발적으로 저항하는 카라우나스 서부인들을 통일된 힘으로 만들어야 하는 것이 그의 과제였다. 그러나 아미르 티무르는 아직 백성들이 자신을 신뢰하지 않음을 알았다. 그는 처음부터 다시 시작하기로 결심하였다. 앞으로 전개될 힘든 여정을 그는 기꺼이 받아들이고자 했다.

4. 중앙아시아 통일전쟁

동물이 살 수 있는 사막이면 사람도 살 수 있다

아미르 티무르는 본격적으로 일리야스 호자와 투글룩 티무르를 부수기 위한 전쟁을 준비하였다. 그는 자신의 계획에 지역 주민들의 지원이 필요하다는 것을 알았다. 통치자 아미르 티무르의 모습이 어떻게 그들에게 보였는지 알 수 있는 시점이 온 것이다. 그를 지지하는 세력은 아미르 티무르의 선택에 찬성한 집단이었으며 그의 반대 세력은 이미 분열되어 투글룩 티무르의 공세에 흩어진 집단이었다.

그는 소수정예의 군대를 정비하여 지배자 군대를 공격하였다. 그러나 그의 계산대로라면 지지하는 주민집단이 그를 지원해야 하는데 이들은 침묵하고 말았다. 소수의 병력으로 더 이상 버틸 수 없음을 깨달은 아미르 티무르는 도망쳐야만 했다. 이 사건 이후 그는 살해의 위협을 받는 도망자가 되었다.

아미르 티무르의 친구이자 처남인 후세인은 할아버지 카자간의 영광을 배경으로 14세부터 통치자로서 활동을 하였으며 18세에 중앙아시아의 요충지 중 한 곳인 발흐를 통치하였다. 그는 투글룩 티무르의 모골리스탄의 등장으로 인해 필연적으로 그의 신변이 위태로워졌기 때문에 저항 외에는 선택할 길이 없었다. 막강한 군사력을 가진 투글룩 티무르와 일전에서 그는 패배하여 목숨을 지키기 위해 중앙아시아를 떠돌아야만 했다.

운명적인 동지이자 적으로 역사적 결판을 내려야 했던 칭기즈칸과 자무카의 관계처럼 훗날 중앙아시아 패권을 놓고 경쟁을 치르게 될 아미르 티무르와 후세인은 투글룩 티무르라는 거대한 사막의 돌풍을 막아내기 위해 동맹을 맺었다.

아미르 티무르와 후세인은 히바에서 만나기로 했다.

패잔병이자 지지자들을 이끌고 히바에 도착한 이들은 이 지역의 통치자인 테켈 바하두르의 음모에 걸려들고 말았다. 그는 두 도망자를 잡아서 투글룩 티무르에게 바치고자 했다. 히바 기마병들의 추격을

1370년도 발흐 공격

벗어나려고 하는데 후세인의 말이 화살을 맞아 쓰러지면서 후세인이 체포되기 직전으로 몰렸다. 그러나 아미르 티무르의 극적인 도움으로 그는 목숨을 구할 수 있었다. 급기야 그가 테켈 바하두르를 죽이면서 히바 기마병들은 도망치기 시작했다. 두 도망자는 가까스로 탈출을 했지만 병

사 대부분을 잃고 말았다. 후세인과 아미르 티무르는 일단 흩어져서 카불에서 만나기로 약속했다. 가는 도중에 아미르 티무르의 고생은 지금까지 겪어보지 못했던 고통의 연속이었다.

현재 투르크메니스탄에 위치하는 메르브(현재지명 마리)에서 아미르 티무르는 그 지역의 통치자인 알리벡에게 다시 잡히고 말았다. 그는 외양간에 갇히는 신세가 되었다. 치욕적인 상황이 아미르 티무르에게 계속되었다. 마침 이곳을 방문한 알리벡의 동생 무함마드벡이 그를 알아보고 형에게 그를 풀어주라고 요구하였다. 정치적 문제에 개입하기를 싫어했던 알리벡은 아미르 티무르를 풀어 주었지만 그가 가진 대부분의 것을 압수하고 말 한필과 낙타 한 마리만 주었다. 외양간에서 살았던 아미르 티무르의 경험은 그의 인생에서 가장 치욕적인 것이었다. 그러나 그는 이러한 과정 역시 자신을 성장시키는 약이라고 생각하고 언제나 복수의 그 날만을 상상하며 견뎌나갔다.

1362년 아미르 티무르는 사마르칸트의 누이집으로 잠입했다.

그곳에서 숨어 지내며 현지 사정을 들었다. 일리야스 호자에 대한 평판은 좋지 못했다. 그는 거의 매일 주연을 베풀고 난잡한 생활을 했으며 가혹한 세금과 착취로 주민들의 원성을 쌓았다. 아미르 티무르는 조용히 자신의 추종자들을 모았다. 과거와는 상황이 달랐다. 적극적으로 식민정부를 없애고자 하는 주민들이 많았기 때문에 지지자들의 수가 급속도로 증가했다. 카불에서 후세인과 만났을 때 대략 천명의 병사가 그들을 따랐다. 새로운 도약의 시기가 온 것이다.

절름발이가 된 아미르 티무르

아미르 티무르와 후세인은 단계적인 계획을 수립하였다.

첫 단계는 계속해서 반反투글룩 티무르 세력을 결집시키는 것이었다. 이를 달성하기 위해서는 자신들의 군대가 가지는 역량을 대외적으로 알려야만 했다.

마침 기회가 찾아 왔다.

현재의 아프카니스탄 남부에 위치하는 7개의 요새를 가진 비교적 부유한 세이스탄으로부터 사신이 그를 방문했다. 그곳의 통치자인 말릭 마흐무드는 7개의 요새를 제대로 장악하는데 어려움에 직면해 있었다. 그는 아미르 티무르와 후세인이 군대를 이끌고 7개의 요새를 평정해 주면 대가를 지불하겠다고 약속했다. 그들은 알라신이 자신들에 내린 선물이라고 생각했다.

아미르 티무르와 후세인이 이끄는 군대는 용맹하게 공격하여 4개의 요새를 함락했다. 이 소식을 접한 나머지 3개의 요새는 항복을 해 왔다. 그러나 말릭 마흐무드는 예상보다 쉽게 요새를 평정한 아미르 티무르와 후세인의 능력을 두려워하기 시작했으며 두 사람이 세이스탄을 통째로 집어 삼킬 것이라는 부하들의 조언에 귀를 기울였다. 그는 마침내 아미르 티무르와 후세인을 공격하기로 결심하고 대대적인 공세를 취하였다. 아미르 티무르와 후세인에게 이러한 공격은 무서운 존재가 되지 못했다. 그러나 갑작스러운 상황으로 인해 안정적인 방어가 힘들어지면서 그는 치명적인 부상을 당하고 말았다. 그는 오른쪽 팔꿈치와 다리에 화살을 맞았다. 그러나 아미르 티무르의 부상에도 불구하고 연합군은 말릭 마흐무드의 공격을 격퇴하였다.

세이스탄전투에서 아미르 티무르는 자신의 세력을 확장하는 기회를 잡았지만 소중한 팔과 다리에 치명적인 부상을 입고 평생을 절름발이로 살아야 하는 운명을 맞았다.

그러나 이것은 전설의 시작을 알렸다.

유목제국의 위대한 지도자들은 자신의 신체적인 결함을 극비로 다루었다. 비록 이러한 사실을 백성들이 알았다고 하더라도 함부로 발설할 수 없었다. 만약에 누군가의 입에서 지도자의 신체적인 결함이 전해지면 그는 즉시 죽음을 맞아야 했다. 또한 문헌상에도 지도자의 신체적 결함은 기록되지 않았다.

아미르 티무르가 절름발이로 평생을 살았다는 것은 전설로 남게 되었다. 그러나 나중에 소련의 스탈린이 그 전설을 확인하고자 아미르 티무르의 관을 열게 함으로서 마침내 세상은 이러한 사실을 알게 되었다. 아미르 티무르를 무서워하고 비하하는 후대의 호사가들이 그를 '절름발이 칸'이라고 경멸하는 별명을 제공하는 사건이었지만, 지난날의 치욕을 복수하려는 일념으로 살아가는 그에게 세이스탄은 너무나

소중한 곳이었다.

아미르 티무르가 다리를 다친 것에 대한 경위를 다르게 해석하는 경우도 있다. 예를 들어서 『러시아 연대기』에는 아미르 티무르가 절름발이가 된 것을 다음과 같이 설명하고 있다.

> "아무르 티무르가 아직 어렸을 때 매우 배가 고파서 하루는 양을 훔치다가 사람들에게 들켰다. 그는 도망가려고 했지만 많은 사람들이 그를 에워쌌다. 그를 붙잡아서 거의 죽을 지경으로 뭇매를 주었다. 그때 그의 다리를 부러뜨렸고 움직이지 않는 그를 보고 죽었다고 생각하고 그를 버렸다. 그리고 개들에게 먹이로 던져주었다. 하지만 그는 그때 살아나서 다친 다리를 쇠로 받쳤고 그때부터 그는 다리를 절게 되었다."

중요한 것은 아미르 티무르가 절름발이라는 핸디캡을 가지고 살았지만 이것이 그의 목적을 실현하는데 전혀 방해가 되지 않았다는 점이다.

아미르 티무르와 후세인 연합군의 세이스탄 사건은 급속도로 중앙아시아에 퍼지기 시작했다. 두 사람은 세이스탄에서 약탈한 전리품을 바탕으로 군대를 재정비할 수 있었으며 소문을 듣고 찾아온 지원자들을 받아들여 그들의 군대는 강대해져 갔다. 무엇보다도 투글룩 티무르와 일리야스 호자의 오만에 불만을 가지고 있었던 지역 통치자들이 그들을 지지하기 시작했다.

아미르 티무르와 후세인은 여세를 몰아서 그의 고향인 케쉬를 탈환하기로 했다. 그러나 군사력의 열세로 인해 쉽게 공략하기 어려웠다. 아미르 티무르는 전면전을 피하기 위해 속임수를 사용하였다. 말의 양 옆에 포플러 가지를 매달아서 달리도록 했다. 포플러 가지는 땅을 쓸어가면서 먼지를 일으켰다. 상대 몽골군들은 적의 수가 많다고 착각하여 전의를 상실했다. 아미르 티무르의 전술은 적중했다. 결국 먼지가 케쉬를 점령한 것이다.

그의 용맹과 지략은 점점 세상에 알려지기 시작했다. 점차적으로 자신에게 치욕을 가져다 주었던 투글룩 티무르와 일리야스 호자에게 복수할 날이 다가오는 듯 했다.

진흙탕 전투

아미르 티무르와 후세인 연합군은 세이스탄 전투 이후 각 지역으로부터 지원군이 쇄도하여 군대의 수가 늘어갔다. 이러한 상황에서 일리야스 호자는 이들의 존재를 무시할 수 없게 되었다. 1363년 아미르 티무르 연합군과 일리야스 호자는 중앙아시아의 패권을 차지하기 위한 일전을 벌였다. 연합군은 일리야스 호자의 적진으로 들어가 전투를 준비하였다. 수적으로 일리야스 호자의 자트군대는 2만 명이었으며 이에 비해 아미르 티무르 연합군은 3천에 불과했다. 이를 극복하기 위해서는 전략이 필요하였다.

먼저 아미르 티무르는 지형을 조사하여 전투에 유리한 지역을 차지하기로 하였다. 아무다리야강(우즈베크어로 다리야daryo는 강을 의미하기 때문에 아무강이라고 적어야 정확한 번역이다. 그러나 일반적으로 아무다리야강으로 표기하기 때문에 여기서도 이렇게 표현하기로 한다)을 건너는 유일한 다리에 적진과 대치하는 국면을 조성하기 위해 2천 명의 병사를 남겨두고 그는 나머지 병사들과 함께 야간에 강을 건너갔다.

일리야스 호자의 군대는 수적인 우위로 자만하고 있었으며, 다음 날 쳐들어가려고 준비하고 있었다. 계속해서 적의 수가 늘어나기를 기다렸다가 한꺼번에 모두 적을 없애려는 전략이었다.

갑자기 자트군 진영 주위로 봉화가 올랐다. 밤하늘에 사방에서 솟구치는 불을 바라보면서 아미르 티무르 연합군의 수가 만만치 않다는 것을 직감하게 된 자트군은 당황하기 시작했다. 일리야스 호자는 군사들에게 적의 기만술이라고 독려했으나 이미 진열은 깨지기 시작했다. 적에게 포위되었다는 불안감이 자트군 병사들에게 두려움을 가져왔다.

실제로 봉화 밑에는 연합군의 병사들이 거의 없었다. 수적인 열세를 이기기 위한 전술에 불과했기 때문에 일종의 모험을 감행한 것이었다. 아미르 티무르는 한 곳에 봉화 수를 줄이고 그쪽으로 적군들을 유도했다. 이곳에 4천의 병사가 매복하여 자트군을 기다리고 있었다. 그곳은 지형적으로 연합군에 절대적으로 유리한 곳이었다.

아미르 티무르의 계산은 적중하였다. 일리야스 호자는 아미르 티무르의 덫에 그대로 걸려들었다. 자트군의 병사들은 탈출을 감행하여 군대를 재정비하려고 하였다. 그러나 이미 아미르 티무르의 연합군은 총공세를 퍼부었다.

수적인 우위를 자랑하는 자트군의 저항도 만만치 않았다. 시간이 흐르면서 아미르 티무르 연합군은 전술의 우위로 간신히 적의 저항을 버틸 수 있었다. 전쟁의 결과는 누구도 장담할 수 없었다. 양측의 희생이 너무나도 컸다. 자트군과 연합군은 일단 진열을 가다듬기 위해 후퇴하였다.

불리한 형국을 맞이한 아미르 티무르에게 희망을 주는 소식이 전해졌다.

일리야스 호자가 아버지인 투글룩 티무르가 사망했다는 기별을 받고 군대를 철수시켜 왕위 계승을 위해 떠났다는 것이다. 그러나 그는 아버지 뒤를 이어 칸에 등극하지 못했다. 아미르 카마루진이 일리야스 호자의 공백을 틈타서 정권을 차지하였다. 그리고 아미르 티무르 연합군과의 실질적인 패배에 대한 책임이 오히려 그에게 내려져 일리야스 호자는 추방당하는 치욕을 맞았다.

뜻하지 않은 상황으로 인해 아미르 티무르와 후세인은 잃어버린 사마르칸트를 찾을 수 있었다.

귀족회의가 소집되어 새로운 통치자의 선발이 논의되었다.

여기서 아미르 티무르와 후세인의 우정은 금이 가기 시작하였다. 비록 칭기즈칸의 직계 후손인 차카타이가문 출신인 카불 샤가 정권을 잡았지만 그는 무능력한 무슬림일 뿐이었다. 따라서 실질적인 권력자의 자리를 놓고 아미르 티무르와 후세인이 경쟁하는 구도로 주변 사람들이 몰아가고 있었다.

두 영웅간의 대결은 후일로 미루어야만 했다. 일리야스 호자가 다시 도전장을 냈기 때문이다. 그는 2년 동안 치욕을 갚기 위한 준비를 마치고 1365년 자트군을 이끌고 사마르칸트 앞에 진영을 드러냈다.

아미르 티무르와 후세인은 주변에서 조성한 서먹서먹함을 정리해야만 했다. 무엇보다 강적을 막아야 하는 일이 급선무였다. 아미르 티무르 연합군 역시 달라져 있었다. 여전히 수적인 불리함을 가지고 있었지만, 이미 한 번 물리친 경험이 있기 때문에 자신감에 차 있었다.

그 해 5월 22일에 치노스와 타슈켄트 사이에서 양측은 중앙아시아에서 최근 보기 드문 혈전을 전개하였다. 밀고 밀리는 접전 속에서 누구의 승리도 장담할 수 없었다.

중앙아시아의 5월은 거의 비가 내리지 않는다. 겨울에서 봄으로 가는 환절기에 해당하는 3월과 4월에 비가 내리지만 5월이면 건기가 시작되는 달이기 때문에 비를 거의 볼 수 없다.

그러나 갑자기 폭우가 내리기 시작했다.

유목군대의 기마병에게 비는 재앙이었다.

천둥이 치고 비바람이 거세게 사막을 몰아쳤다. 전쟁터는 순식간에 진흙탕으로 바뀌었으며 말들은 제대로 달리지 못했다. 세계를 공포로 몰아넣었던 몽골의 기마병들이 무너지고 있었다. 양측은 기마병을 토대로 전투를 해야 하는데 갑작스러운 기후의 변화로 전투를 멈추어야만 했다.

해가 다시 모습을 드러냈다.

그러나 더 이상 전투를 계속할 수 없는 것이 양측의 사정이었다. 방법을 찾을 수 없었다. 아미르 티무르는 원정에 지친 적군이 불리함을 인식하고 공격을 시도하였다. 후세인에게 좌측 공격을 부탁하고 오른쪽을 먼저 치기 위해 떠났다.

후세인은 진흙탕에서 전투를 원하지 않았다. 우측을 공략해 나가는 아미르 티무르 군대는 초반에 적의 진지를 치고 나갔으나 결정적인 순간에 후세인이 좌측을 치고 들어와야 접전이 유지되는 상황이었다. 수적으로 열세이기 때문에 그의 공격으로 인해 적군이 분산되기를 기다릴 필요가 있었다. 그러나 후세인은 좌측을 공격하다가 바로 포기하고 도망치고 말았다. 더 이상 버티지 못한 아미르 티무르는 자신의 1만 몇 병사가 진흙탕에서 죽어가는 것을 지켜봐야만 했다.

그들의 불안한 우정 역시 이것을 계기로 완전히 금이 가고 말았다.

연합군 구성이 제대로 되지 못한 틈을 이용해서 일리야스 호자는 사마르칸트까지 치고 달렸다. 아미르 티무르와 후세인은 다시 도망자 신세가 되었다. 그는 후세인에 대해 극도의 원망을 가졌으나 전시인 관계로 비난을 자제하였다. 그러나 후세인은 오히려 그의 독단적인 행동에 비난을 퍼부었다. 이제 두 사람의 관계는 모든 것이 끝난 것과 다름이 없었다.

백성이 만들어 준 선물

아미르 티무르 연합군의 도주로 사마르칸트는 위기에 처했다. 일리야스 호자는 사마르칸트를 아주 수월하게 정복할 줄 알았다. 그러나 놀라운 일이 발생하였다. 주민들의 강렬한 저항에 일리야스 호자의 군대는 주춤하고 말았다.

당시에 사마르칸트 구성원들 중에서 '사르바도르Sarbador'라는 집단이 있었다. 이들은 원래부터 몽골제국에 저항한 대표적인 사람들로 직업이 상인, 수공업자, 포수 등으로 구성되어 있었다. 일리야스 호자는 성을 포위하여 최후의 통첩을 보냈으나 저항은 더 강했다. 작열하는 태양의 여름이 극에 달해 있는 사마르칸트의 더위가 또 다른 변수로 작용하였다. 그의 군사들은 전염병과 더위로 지쳐갔다. 이미 3/4의 군사를 잃었다. 일리야스 호자는 철수를 선택해야만 했다. 그는 아미르 티무르 연합군을 물리친 것에 만족하고 다시 동쪽으로 말머리를 돌렸다.

사마르칸트는 사르바도르에 의해 통치가 되었으며 그 해 유난히 추웠던 겨울이 오고 있었다. 절체절명의 위기를 맞은 아미르 티무르에게 봄은 요원하게만 느껴졌다.

아미르 티무르는 카르쉬에서, 후세인은 아무다리야 강가에서 겨울을 보냈다. 이들은 사르바도르의 사마르칸트 통치에 대한 소식을 듣고 새로운 기회를 찾기 위해 각자 준비하였다. 여전히 사마르칸트의 최고 지배자는 몽골제국의 후손인 그들의 차지였다. 시르바도르는 자신들에게 적과 다름이 없었다. 그러나 사마르칸트의 주민들은 자신들을 보호해 주지 못한 두 지배자에게 등을 돌리고 있었기 때문에 침투할 공간이 없었다.

사르바도르를 설득하여 과거의 통치구조로 가는 방법이 있었으나 그들이 정권을 순순히 내 주지 않을 것은 당연하였다. 그렇다면 먼저 사르바도르의 지도자들을 없애는 방법을 찾아야만 했다.

다시 아미르 티무르와 후세인은 표면적으로 동맹을 맺고 사마르칸트로 갔다.

일리야스 호자에 비하면 전투라고 할 수도 없는 상황이었지만 문제는 민심을 다시 돌리는 일이었다. 사르바도르와 주민들은 냉담했다.

정확히 이야기 하면 후세인의 존재에 대해 더 냉담했다 반면에 아미르 티무르는 일리야스 호자로부터 사마르칸트를 해방시켰을 때 각

계층의 주민들과 우호적인 관계를 유지했었기 때문에 비난의 수위가 낮았다.

14세기 중반에 사마르칸트 주변은 정치적·경제적 상황이 매우 어려웠다. 지방 영주의 분산이 심화되면서 내부적으로 영주들간의 소모전이 지속되었으며 외부적으로는 자트군의 침입이 격해짐으로써 농업, 수공업 그리고 무역이 쇠퇴해졌기 때문에 주민들의 생활은 고통 그 자체였다. 농민, 수공업자 그리고 상인들은 이것에 대해 매우 불만스러웠다. 이들은 지역의 통합과 강한 하나의 정부를 만들기를 원했다.

이들에게 후세인보다 아미르 티무르가 자신의 요구에 부합하는 인물이었다.

아미르 티무르 역시 각 계층의 소리를 듣고서 일종의 공약을 내걸었다. 그는 약속을 지키면서 이슬람 지도층, 상인, 수공업자들을 자신의 지지계층으로 만들 수 있었다. 정신적 자본과 물질적 자본이 그를 지원한다면 아미르 티무르는 꿈을 이룰 수 있기 때문이다. 이를 위해 그는 자신의 재산과 능력을 기꺼이 내 놓았다. 이러한 그의 행위는 어릴 적에 아버지 타라가이로부터 영향을 받았기 때문이다. 그는 아들에게 자주 다음과 같은 말을 해주었다.

"사막의 모래가 가볍게 부는 바람에도 날아가는 것처럼 인간의 재물 역시 매우 쉽게 사라진다."

아미르 티무르는 자신의 지위를 이용해서 재물을 축적하지 않았다.
훗날 중앙아시아를 통일하고 외국과의 전쟁에서 승리할 때마다 그는
자신의 전리품으로 기술자나 건축가들을 선택하였다. 그리고 사마르
칸트를 지상 최고의 도시로 건설하는데 아낌없이 재물을 투자하였다.
아미르 티무르는 생활이 힘든 자들에게 물질적 지원을 하였으며 상인
과 수공업자들에게 세금혜택을 주었다.

어느 정도 자신의 입지를 심어놓은 상황에서 진흙탕 전투의 패배는
그에게 치명적이었다. 그러나 아미르 티무르는 주민들의 지지에 희망
을 걸었다. 주민들 역시 사르바도르 통치 아래 큰 희망이 없다는 것을
알았다. 그러나 지금은 어느 누구도 자신들을 보호해 줄 수 없기 때문
에 현재의 체제를 받아들여야 했다.

1366년 봄. 드디어 기회가 왔다.

사르바도르의 통치에 주민들이 불만을 표출하기 시작했다. 사르바
도르 지도자들은 집단통치 방식으로 지역을 관리했기 때문에 이해관
계를 가지는 각 계층 간에 불화가 도화선이 되었다. 이러한 정세를 파
악한 아미르 티무르는 사르바도르 지도자들에게 만나고 싶다고 알렸
다. 힘들게 적을 물리치고 차지한 정권을 내주기 싫었던 이득도 아미
르 티무르와 후세인을 만나 타협점을 찾아야만 했다. 불만을 가진 주

민들이 결국 선택할 수 있는 것은 과거의 통치자 후세인과 아미르 티무르였기 때문에 시간을 끌면 끌수록 불리했다.

그러나 사르바도르 지도자들은 아미르 티무르와 후세인 진영에서 그들을 만나고 싶지 않았다. 자신들의 목숨이 위태로울 수 있기 때문이었다. 아미르 티무르는 그들의 생각을 읽고서 비무장으로 만날 것을 약속했다. 그에 대한 믿음을 가진 일부가 불신하는 자들을 설득해서 진영으로 갔다. 사면초가의 국면에 선 양측은 보이지 않는 패권전쟁을 치러야만 했다. 이들과 만나기 전에 수많은 생각이 아미르 티무르의 뇌리를 스쳐 지나갔다.

자신의 지지계층이 존재한다는 믿음을 가지고 있지만 혹시라도 지도자를 살해한다면 이들마저 자신에게 등을 돌릴 것인가? 그러나 타협을 한다고 해도 현재의 지지층은 사르바도르가 우세하기 때문에 통치권을 가진다고 해도 허수아비로 전락할 수 있다.

순간의 판단이 그의 미래를 좌우했다.

그는 마침내 결심했다.

과거 자신의 능력을 인정하고 자신으로부터 도움을 받았던 지지자들이 자신을 원한다면 사르바도르의 지도자들을 죽여야만 한다. 이들의 지지층이 다수를 차지하는 것은 사실이나 지도자를 잃으며 지지층은 두려움을 느낄 것이다.

진영으로 들어오는 지도자들을 맞이한 아미르 티무르는 단 한 명만

남겨두고 순식간에 이들을 죽이도록 명했다. 춤추는 결단의 칼날을 바라보면서 아미르 티무르는 이슬람 신학생인 마블로노조다를 살려 주고 성안으로 돌려보냈다. 이제 남은 것은 기다리는 것뿐이었다.

며칠 후 아미르 티무르의 진영으로 연락이 왔다.

후세인과 아미르 티무르를 사마르칸트가 통치자로 맞이할 것이라는 내용이었다.

아미르 티무르는 자신의 과거를 심판 받았다.

통치자로서 권위보다는 백성들과 스스럼없이 지내며 그들의 팔과 다리가 되어 준 자신의 방식이 틀리지 않았음을 그는 알게 되었다.

유라시아의 심장을 차지하다

이렇게 아미르 티무르는 사마르칸트에 입성했다. 이후 주변에서 사람들은 아미르 티무르와 후세인이 일전을 벌여서 한 사람이 완전한 권력을 장악할 것을 부추겼다. 하지만 아미르 티무르는 그렇게 하지 않았다. 오히려 후세인은 통치자의 정통성을 보장해 주는 출신성분의 우월로 사마르칸트의 최고통치자가 되었다. 하지만 후세인의 권력에 대한 야욕은 커져갔고, 그것은 아미르 티무르를 위협하기 시작했다. 그리고 마침 그때 아미르 티무르의 아내이자 후세인의 누나인 '울자리 투르칸 아가'가 죽고 말았다. 두 사람의 실날 같은 인연의 끈이 끊어지게 된 것이다. 아미르 티무르는 자신이 살아남기 위해서는 후세인과

사이드 바라카에게서 국기를 건네 받는 아미르 티무르(상상도)

의 일전을 벌일 수 밖에 없다는 것을 알고 있었다. 왜냐하면 중앙아시아의 달은 하나뿐이며 마찬가지로 통치자도 역시 한 명뿐이라는 것을 후세인과의 연정에서 뼈저리게 느꼈기 때문이다. 그것은 아무도 막을 수 없는 체스의 법칙이었다.

아미르 티무르는 지지층을 규합해서 사마르칸트를 떠났다. 이보 전진을 위한 일보 후퇴였다. 시간이 지나면서 그를 지지하는 세력이 몰려들기 시작했다. 그렇게 세를 규합하고 있던 어느 날 아미르 티무르에게 카이 후스라우Kay Khusrau라는 사람이 찾아왔다. 후세인에 의해 그의 형이 억울하게 살해를 당했으며 토지까지 몰수당했다고 하면서 그에게 복수하게 해 달라고 부탁했다. 이처럼 후세인의 통치는 많은 사람들로 하여금 원한을 가지게 만들었다. 아미르 티무르는 때가 되었음을 직감했다. 그리고 마침내 1369년 카르쉬에서 후세인과 아미르 티무르는 일전을 벌이게 되었다.

아미르 티무르는 전쟁을 수행하다가 후퇴를 명했다. 그의 전술에 따라 후세인 군대에 밀리는 모습을 보여주면서 병사들은 일시에 퇴각했다. 후세인은 기세가 등등해져 승리를 자축하였다. 그는 아미르 티무르의 다음 전술은 생각지도 않았다. 너무나 허둥지둥 도망치는 모습에서 기습은 상상하지도 못했다.

아미르 티무르는 다시 병사를 이끌고 후세인 진영을 포위하면서 나팔과 북을 최대한 크게 불면서 대군이 진격한 것처럼 위장하게 했다. 후세인 군대는 이미 축하잔치로 술에 취해 있었으며 갑작스러운 소리에 매우 당황했다. 병사의 일부는 도망쳤으며 나머지는 아미르 티무르의 공격에 제대로 저항하지도 못했다. 대승이었다.

후세인은 발흐로 도망치고 말았다. 사실상 그는 아미르 티무르의 군대에 쫓기는 시세가 되었다. 1370년 발흐를 공격한 아미르 티무르는 후세인이 보낸 편지를 받았다. '목숨만 살려주면 항복하여 모든 것을 포기하겠다.'고 적혀 있었다. 아미르 티무르는 만감이 교차하였다.

후세인과의 첫 만남이 없었다면 지금의 그도 존재하지 못했을 것이다. 비록 지금 중앙아시아의 패권을 놓고 경쟁하는 처지가 되었지만 자신에게 치욕을 안겨준 투글룩 티무르에 대항하여 함께 운명의 길을 걸어왔던 동지가 아니었던가?

사마르칸트에 있는
아미르 티무르 동상

아미르 티무르는 후세인의 뜻을 존중했다.

메카로 가서 여생을 살겠다는 그를 살려주었다.

그러나 유목의 전통에서 패배한 적의 수장은 쉽게 목숨을 보존할 수 없었다. 카이 후스라우와 같이 원한을 풀려는 자들에 의해 추적을 당했으며 결국 후세인은 비참한 최후를 맞아야만 했다.

33세의 티무르는 중앙아시아 최고의 통치자가 되었다.

중앙아시아 초원의 풀들은 이제 하나의 달만 바라볼 수 있었다. 그리고 그 달빛을 향해 풀들은 스스로 일어나고 있었다.

아미르 티무르의 저주

1931년 소련의 심장부 모스크바 크렘린.

악명 높은 숙청과 유형으로 공포정치를 자행하던 소련의 두 번째 당서기 스탈린은 자신의 핵심참모들에게 '소비에트 사회주의 건설에 이용할 수 있는 세계사 속의 인물을 선정하라'는 극비의 프로젝트를 내렸다.

명령을 받은 참모들은 즉시 당대의 유명한 역사학자들로 구성된 프로젝트 팀을 만들어 적합한 인물들을 분석하여 리스트를 작성하도록 했다. 그러나 이러한 스탈린의 명령이 나중에 얼마나 큰 파급효과를 가져올 지 아무도 예상하지 못했다.

1941년 봄.

무려 10년에 걸친 소련 학자들의 분석을 통해 소비에트 사회주의 건설에 이용할 수 있는 위대한 인물들의 리스트가 완성되었다. 스탈린은 자신의 콧수염을 만지작거리며 보고서를 훑어보고 있었다. 그는 페이지를 넘기다가 갑자기 눈을 멈추었다.

아미르 티무르Amir Temur, Tamerlane (1336~1405)

스탈린은 이 낯선 인물에 대한 세부적인 내용을 읽고 난 후 잠시 생각에 잠겼다. 마침내 입을 연 그는 다음과 같이 비밀 지령을 내렸다.

"아미르 티무르의 무덤을 찾아서 그의 유골을 모스크바로 가져와라!"

스탈린은 중앙아시아에 존재할 가능성이 높은 그의 무덤을 어떻게 해서라도 찾아서 유골을 모스크바로 이송하라고 명령을 내린 것이다.

1405년 사망한 아미르 티무르의 유골이 갑자기 왜 필요한지 아무도 알 수 없었다. 그리고 궁금했다. 그러나 어느 누구도 스탈린에게 질문을 하거나 토를 달지 않았다. '왜 아미르 티무르의 시신이 필요한지' 괜히 참견을 했다가는 목숨을 부지하기 어려웠다. 당시에 스탈린의 공포정치는 말을 필요 없게 만들었다. 그냥 지시하는 대로 신속하게 움직이면 그만이었다. 핵심참모들은 아미르 티무르와 관련된 소련의 전문가들을 수소문한 끝에 최종적으로 세 명의 학자를 선발하여 팀을 만들었다.

- 타지키스탄 출신의 중앙아시아 역사학자 아이니S. Aini.
- 저명한 동양 고대−중세 사학자 세묘노프A. A. Semyonov.
- 소비에트 고고학계의 거두인 게라시모프M. M. Gerasimov.

위 3명의 전문가들과 함께 이들의 발굴을 촬영할 영화감독 말릭 카유모프Malik Kayumov가 포함된 비밀조사단은 최고지도자의 지령을 완수해야 하는 부담감을 안고 아미르 티무르 통치 시기의 수도였던 우즈베키스탄의 사마르칸트로 날아갔다.

선발된 학자들은 사전 조사를 통해서 아미르 티무르의 무덤의 위치로 추정되는 두 곳을 선발했다. 그들이 연구한 고문서들의 기록에 의하면 이 위대한 정복자의 관은 두 곳에 존재하고 있었다.

첫 번째는 아미르 티무르의 고향인 샤흐리사브스Shahrisabz의 하얀궁

구르 에미르 안의 아미르 티무르의 관

전Ok Sarai 부근에 존재하는 그의 관이며, 두 번째는 그의 통치기에 수도였던 사마르칸트에 존재하는 지배자의 무덤인 '구르 에미르Gur Emir' 속에 보관된 그의 관이다. 그러나 후자에 아미르 티무르의 시신이 있을 가능성이 더 높았다.

구르 에미르는 아미르 티무르가 페르시아 원정에서 사망한 손자 무함마드 술탄Muhammad Sultan을 기리기 위해 1403~1404년에 걸쳐 만든 무덤이다. 그러나 아미르 티무르는 원래 이곳에 묻히기를 원하지 않았다. 그는 유언으로 자신이 죽으면 고향인 샤흐리사브스에 묻어달라고 했다. 1405년 겨울에 아미르 티무르가 중국의 명明으로 원정을 떠났다가 갑자기 사망했다. 신하들은 그의 유언에 따라 샤흐리사브스에 그를 묻으려고 했으나 그곳에 눈이 너무나 많이 와서 할 수 없이 시신을 사마르칸트로 옮겨 구르 에미르에 묻었다고 한다. 학자들은 구르 에미르를 먼저 살펴보기로 결정했다.

학자들은 구르 에미르로 들어갔다. 아미르 티무르를 비롯한 그의 후손들의 관은 구르 에미르 건물의 지하에 존재하고 있었다. 지하로 내려가는 문을 열고 들어가니 어두운 공간에 십자형으로 관이 배치되어 있었다. 가운데 유일하게 검은 색을 띤 경옥硬玉으로 만든 관이 아미르 티무르의 것이었다. 그의 관 머리 쪽에는 아미르 티무르가 평생 동안 정신적 지주로 존경했던 그의 스승 사이드 바라카Sayd Baraka의 관이 있었다. 그리고 이것을 기준으로 시계방향을 따라 아미르 티무르

의 아들인 미란 샤흐Miran Shah와 샤흐 루흐Shah Rukh의 관이 그리고 손
자인 무함마드 술탄과 미르조 울루그벡Mirzo Ulugbek의 관이 위치하고
있었다.

1941년 6월 16일.

마침내 발굴 작업이 시작되었다. 관 뚜껑을 들어 올리는데 필요한
기중기와 전기장치가 지하에 설치되었다. 500년이 넘도록 닫혀 있던
관 안에 아미르 티무르가 누워 있을 지 아무도 알 수 없었다. 도박은
시작되었다. 학자들은 먼저 순서상 아미르 티무르의 관 주위에 있는
그의 아들 샤흐 루흐, 손자 미르조 울루그벡Mirzo Ulugbek의 관을 열었
다. 놀랍게도 유골이 존재하고 있었다. 모두들 경악하며 기뻐하였다.
그러나 그것도 한 순간 유골의 진위를 밝혀야 하는 작업이 시작되었
다. 과연 주인이 맞는지 아닌지 확인해야만 했다. 기록에 의하면 세계
적으로 유명한 천문학자이자 통치자였던 울루그벡은 자신의 장남에
게 목이 잘려 참혹하게 죽었다. 학자들은 유골을 분석한 결과 그것이
사실임을 알게 되었다.

이제 마지막으로 남은 아미르 티무르의 관을 들어 올리는 일만 남
았다.

긴장된 순간이었다. 그런데 갑자기 기중기가 고장이 나버렸다. 할
수 없이 손으로 육중한 관 뚜껑을 열기로 했다. 그 순간 전깃불마저도
나가고 말았다. 지하에는 일순간 불길한 기운이 감돌기 시작했다. 이

때 지하실로 3명의 무슬림 노인이 들어왔다. 이미 아미르 티무르 일가의 발굴 사실은 사마르칸트 시내에 소문이 파다하게 퍼져 구르 에미르 주위에 매일 천여 명의 주민들이 모여들어 구경하고 있었다. 참모는 그들을 쫓아내려고 했다. 그 중에 한 노인이 "그 관을 열면 전쟁이 날 것이요! 여기 이 책에 그렇게 적혀 있소!"라고 강건한 어조로 말했다.

　참모는 강제로 그들을 몰아내고 어서 관을 들어 올리도록 명령했다. 불길함을 인식한 한 학자가 그들을 쫓아갔다. 그는 노인들보다는 그들이 언급했던 책이 필요했다. 뒤쫓아 갔지만 노인들은 이미 사라지고 없었다. 참모의 차가운 명령과 스탈린에 대한 두려움이 불길한 기운을 압도했기 때문에 학자들과 노동자들은 관을 열려고 노력했다.

　1941년 6월 20일 오후 3시.

　기다리던 아미르 티무르의 관이 열렸다. 그러나 관 뚜껑 안에 다시 검은 색으로 둘러싸인 관이 있었다. 고고학자 게라시모프는 이것들을 하나 둘씩 뜯어내기 시작했다. 조금씩 알 수 없는 냄새가 분출되었다. 드디어 아미르 티무르의 유골이 전부 나타났다. 게라시모프는 이것이 아미르 티무르의 유골임을 밝혀주는 증

아미르 티무르 무덤 발굴

아미르 티무르 해골

거를 찾기 시작했다. 전설에 의하면 아미르 티무르는 절름발이였다. 그는 아미르 티무르의 오른쪽 다리뼈를 들어 조사했다. 뼈가 정상적이지 못하고 짧으면 100% 아미르 티무르의 유골이 되는 것이었다. 긴장된 순간이 흘렀다. 얼마 후 그는 만세를 외쳤다. 감격의 소리였다. 학자로서 아미르 티무르의 유골을 찾았다는 자부심과 이제 살았다는 안도의 느낌이 동시에 폭발하는 외침이었다.

모두들 그를 따라 만세를 불렀다. 그리고 그들은 즉각 아미르 티무르의 유골을 발견했음을 당국에 알린 후 발굴한 유골을 모두 꺼내어 실어 담고 모스크바로 이송할 준비를 했다. 그날 저녁 오랜만에 맛보는 휴식에 학자들과 참모들은 즐거운 시간을 보내고 있었다. 그런데 누군가 "도대체 스탈린 동지는 왜 아미르 티무르의 유골이 필요한 것이지요?"하고 궁금해 했다. 모두들 당황스러운 얼굴이 역력했으나 참모들은 명령의 완수를 축하하는 의미로 덮어주었다. 스탈린의 명령에 '왜?'라고 의문을 제기할 수 없었다. 그냥 명령을 완수하면 그것으로 모든 것은 끝이었다. 그러나 학자들은 밤이 깊어 가면 갈수록 3명의 노인이 말한 충고가 귀에 더욱 거슬려 마음 한곳이 불안했다. 그러나 설마 하면서 모두들 잠이 들었다. 다음 날 6월 21일 최종적으로 작업을 마무리하고 떠날 채비를 마무리 했다.

1941년 6월 22일 새벽.

갑자기 숙소가 소란스러웠다. 사마르칸트 지역 공산당 간부가 뛰어들어와서 "독일이 소련을 침공했다!!!"라고 외쳤다.

그는 라디오를 크게 틀고는 방송에 귀를 기울였다. 1941년 6월 22일 새벽 3시에 히틀러는 '독소불가침조약'을 깨고 소련에 전쟁을 선포했다. 스탈린은 히틀러를 믿었지만 결국 배신당하고 말았다. 공교롭게도 1812년 6월 23일 나폴레옹이 러시아제국의 국경을 넘은 지 정확하게 129년 만에 다시 러시아 영토에서 전쟁이 발발한 것이다.

학자들은 믿을 수 없었다. 우연인지는 몰라도 결국 3명의 노인이 예언한대로 전쟁이 일어났다. 독소불가침조약을 신뢰했던 스탈린이 우리에게는 전쟁이 없다고 그렇게 확신했던 믿음이 일순간에 무너졌다. 그러나 당황할 겨를도 없이 전시체제에 돌입하면서 학자들은 바빠졌다. 그들은 발굴한 유골을 모스크바로 이송하고 분석에 매달렸다. 특히 게라시모프는 아미르 티무르의 유골을 바탕으로 얼굴을 복원하는 작업에 몰두했다. 그러나 어느 누구도 왜 스탈린이 아미르 티무르의 유골을 필요로 하는지 몰랐다.

사마르칸트에 파견된 발굴단을 따라 촬영을 담당했던 말릭 카유모프는 전장의 영상기록을 명령 받고 전선에 배치되었다. 그는 독일군의 최대 공세가 있었던 스탈린그라드(지금의 볼고그라드)에서 소비에트 붉은군대의 총사령관 게오르기 주코프Georgii Jukov(1896~1974)를 만나게 되었다. 주코프는 이미 히틀러의 침략을 예상하고 있었으며 이를 스탈린에게 직언했으나 무시당했다. 비록 무시당했지만 그는 스탈린에게 하고 싶은 말을 할 수 있는 몇 명 되지 않는 참모였다.

독일군과 소련군이 국가의 운명을 걸고 싸웠던 2차 대전 최대의 격전지는 스탈린그라드(지금의 볼고그라드)였다. 이곳에서의 전투는 1942년 8월 21일부터 1943년 2월 2일까지 6개월간 지속되었다. 이 전투에서의 사망자만 2백만 명으로 추산되고 있다. 전투 초기부터 소련군은 계속해서 밀리고 있었다. 엄청난 희생자가 발생했으며 군사들의

게라시모프가 복원한
아미르 티무르 흉상

사기가 저하되고 있었다. 소련이 최후의 보루로 목숨을 걸고 지켜야 하는 곳이지만 갈수록 힘이 부쳤다. 죽음의 전쟁터였지만 주코프는 어느 날 말릭 카유모프에게 호기심어린 표정으로 사마르칸트 발굴에 대해 물었다. 그는 그곳에서 보고 들은 모든 것을 설명해 주었다. 특히 3명의 노인이 예언한대로 아미르 티무르의 관을 열고 거의 바로 전쟁이 발발했다고 이야기했다.

소련군의 최고지휘자 주코프는 잠시 멍한 표정을 짓더니 급히 전화기를 들었다. 그리고 다음과 같이 이야기를 했다.

"친애하는 스탈린 동지!

우연이든 아니든 불길한 내용임에 틀림없습니다. 사실 일어나지 않을 전쟁이 발생했고 소련군은 계속해서 밀리고 있습니다. 이러다가 망할 수도 있습니다. 우스운 이야기지만 일단 그의 관을 닫도록 허락해 주십시오. 이것은 분명 아미르 티무르의 저주입니다."

스탈린은 많은 고민을 한 후 그의 말을 수용했다.

얼마 후 게라시모프 연구단에게 '아미르 티무르의 유골을 정리하여 사마르칸트의 관에 다시 넣고 관을 닫아라!'라는 명령이 하달되었다.

1942년 12월 20일

아미르 티무르의 유골은 다시 자신의 관으로 들어갔다. 그리고 당시에 금기시 되었던 성대한 이슬람 의식이 진행되었다. 그로부터 이틀 뒤 믿을 수 없는 사실이 발생했다. 스탈린그라드에서 계속해서 밀리던 소련의 붉은 군대가 처음으로 독일군을 격파한 것이다. 급기야 이 승리를 발판으로 소련은 승승장구하여 독일군을 몰아내고 승전국이 되었다. 1943년 사마르칸트의 공산당 지도부는 소련 최고의 지도자 스탈린으로부터 내려온 '100만 루블로 구르 에미르를 완벽하게 복원하라!'라는 놀라운 명령을 하달 받았다. 당시에 100만 루블이면 탱크 16대의 값이다. 비록 독일군을 몰아냈지만 여전히 전시 상태에서 100만 루블이라는 거금을 아미르 티무르 묘를 복원하는데 사용하라는 명령은 너무나 뜻밖이었다. 그리고 스탈린은 마지막 명령서에 다음과 같은 글을 남겼다.

"앞으로 어느 누구도 그의 관을 열지 못한다."

그렇다면 왜 스탈린은 아미르 티무르의 유골이 필요했을까?

스탈린 역시 절름발이였다. 그는 심하게 다리를 절지는 않았지만 혁명운동 당시에 받은 모진 고문으로 오른쪽 다리가 정상적이지 못했다고 전해지고 있다. 동서고금을 막론하고 최고의 지도자에 대한 신체적 비하는 금기시 되어 있었다. 공포정치의 대명사이자 지구 1/6을 다스리는 지도자 스탈린에게 절름발이는 치명적인 약점이 될 수 있었다. 그는 리스트에서 아미르 티무르를 읽다가 그 역시 절름발이라는 것을 알게 되었다. 스탈린은 아미르 티무르의 정기를 받고 싶었던 것이다.

아미르 티무르는 14세기 어느 누구 어느 국가도 이기지 못한 최대의 장군이었으며 위대한 정복자였다. 13세기가 칭기즈칸의 시대라면 14세기는 아미르 티무르의 시대였다. 따라서 스탈린은 20세기를 자신의 시대로 만들고 싶었다. 더욱 놀라운 사실은 위 3인의 이름이 동일한 의미를 가지고 있다는 것이다. 스탈린이라는 이름은 실제로 그의 본명이 아니다. 그의 본명은 요세프 비사리오노비치 쥰가시빌리Iosef Vissarionovich Dzhugashvili였다. 그러나 그는 소비에트혁명 이후 자신의 두 번째 이름을 '스탈린'으로 정하고 죽을 때까지 사용했다. 우리가 아는 스탈린의 이름은 이렇게 탄생했다. 그런데 러시아어로 스탈Stal'은 강철이다.

그는 강철의 의미를 스스로에게 부여하기 위해 스탈린이라는 이름을 사용했다. 칭기즈칸의 유년시절 이름이 테무친鐵木眞, 즉 철이다. 아미르 티무르에서 티무르 역시 철鐵을 의미한다.

스탈린이 스스로 칭기즈칸이나 아미르 티무르처럼 위대한 정복자가 되기 위해 이름을 스탈린(철인鐵人)으로 작명했는지 아직까지 밝혀진 것은 없다. 그럼에도 불구하고 유라시아를 흔들었던 세 명의 정복자가 시대는 달라도 똑같은 이름의 의미를 가진다는 것은 흥미로운 사실이다.

　그런데 이 사건의 보다 중요한 의미는 다른 곳에 있었다.

　스탈린의 명령으로 아미르 티무르의 유골을 싣고 다시 사마르칸트로 떠나던 비행기는 바로 그곳으로 향하지 않았다. 소련의 붉은군대가 독일군과 전투하던 격전지의 하늘 위를 이 비행기 한 바퀴씩 순회하고 떠났다는 것이다. 이 행위는 전쟁에 밀리던 소련군대에게 한 번도 국제전에서 패배하지 않은 아미르 티무르의 기를 불어넣어 주기 위해 스탈린이 내린 또 다른 명령이었다.

제3장

인류 최후의 정복자

인류의 역사에서 정복자로서 아미르 티무르와 견줄 수 있는 사람은 없다.
키루스, 알렉산더, 시저, 아틸라, 칭기즈칸, 카롤루스, 나폴레옹도 그와 비교할 수 없다.
– 에드워드 크리시Edward S. Creasy (1812~1878), 『1878년 오스만제국사』 45쪽.

1. 버림받은 자들의 저주로 만들어진 국가

떠나는 지배자들

중앙아시아의 지리적인 의미는 문자 그대로 아시아의 중앙이다. 그러나 역사적인 의미에서 중앙아시아는 아시아 전체이다. 중심에 산다는 것은 무척이나 어렵다. 사방에 적들이 포진해 있기 때문에 가공할 힘을 가지지 못하면 그들 중 누구 하나에게 정복을 당하기 쉽다. 그래서 중앙아시아를 지배한 자들은 끊임없이 바뀌었다. 중앙아시아에 살았던 사람들은 불행히도 힘을 가지지 못했기 때문에 서쪽의 페르시아, 그리스, 아랍, 동쪽의 중국, 투르크, 몽골, 그리고 북쪽의 러시아 등에 의해 지속적인 지배를 받아야만 했다.

사마르칸트를 건설하고 있는 사람들 (상상도, 일부) 타슈켄트의 아미르 티무르 박물관

사마르칸트에 입성한 아미르 티무르는 무엇보다도 먼저 문화와 경제의 중심도시로서 사마르칸트를 건설하기를 희망했다.

그는 정복지에서 건축가들과 예술가들을 사마르칸트로 보냈고, 카라반들을 위한 숙소를 건설하도록 했다.

그리고 세상에서 가장 아름다운 도시로 만들것을 주문했다.

한마디로 중앙아시아라는 지역을 지배하였던 자들은 이곳의 주민들이 아니라 이방인들이었다. 그리고 역사를 만든 자들도 이방인들이었다. 이러한 역사적 배경을 가졌기 때문에 중앙아시아에는 진작 자신들이 만든 역사문헌은 거의 없고 이곳을 지배한 주변의 국가들이 서술한 역사문헌만이 있다.

이러한 배경으로 인해 역사적 의미에서 중앙아시아는 아시아 전체를 의미한다는 것이다.

예를 들어 중앙아시아의 고대사를 알려면 페르시아, 그리스, 중국 등에서 서술된 문헌을 보아야 알 수 있다. 이처럼 이곳을 지배한 국가들의 역사 문헌을 짜깁기하면 중앙아시아의 통사가 만들어진다. 따라서 중앙아시아 역사는 외부에서 이곳을 침략해 지배한 자들과 다시 이들을 몰아내고 지배하려는 자들의 순환의 연속이었다.

그렇다면 왜 외부인들이 중앙아시아를 차지하려고 침략을 하였던 것일까?

중앙아시아는 위대한 실크로드의 중간기착지였다. 아무다리야와 시르다리야 두 강이 오아시스 도시를 만들어 중국과 유럽을 오가는 국제무역상들의 휴식처로 기능을 담당하였다. 절반 정도 와서 쉬어가야만 하는 곳이 바로 중앙아시아였다. 그리고 무엇보다 중앙아시아를 차지하여야만 어느 정도 안전한 실크로드 무역을 할 수 있었다. 실크로드 도처에 존재하는 도적떼들 그리고 길 위에 존재하는 너무나 많은 국가들은 이들에게 위협적인 존재였다. 국제무역상들에게 중국과 유럽을 오가는 이 길은 부와 명예를 주는 길이었지만 언제나 목숨을 담보로 잡아두어야 했다. 따라서 동에서 볼 때 중앙아시아까지만 차지해도 서쪽과 무역을 하는데 안전과 수익이 극대화 되었으며, 서에서도 이러한 인식은 동일했다. 그래서 중앙아시아에는 자신보다 강한 낯선 국가들의 침략을 받아 이곳을 떠나는 이국의 지배자들이 무수히 존재했다. 문제는 떠나는 지배자들이 남긴 흔적이다.

우리나라의 일제 식민지 35년은 이들이 중앙아시아를 지배한 기간에 비하면 무척 짧다. 중앙아시아를 외부인이 지배하면 평균 100년 정도는 통치했다. 상식적으로 혈통, 언어, 그리고 문화가 전혀 다른 이異집단으로부터 100년을 지배 받으면 피지배집단의 혈통, 언어, 문화는 지배집단화 되거나 공존하며 새로운 것을 만들어 내는 경향이 강하다. 실제로 중앙아시아는 이처럼 떠나버린 지배집단들의 흔적이 다층을 이루고 있다. 이것이 현재의 중앙아시아 정체성이고 지역성이다.

페르시아, 그리스, 아랍, 투르크, 몽골, 러시아 등 이곳을 지배한 자들과 국가는 자신의 혈통, 언어, 그리고 문화를 이식시켜놓고 새로운 형태를 만들어 놓고 떠나버렸다. 예를 들면, 종교만 보아도 조로아스터교-불교-샤머니즘-이슬람-정교회 등이 다층을 이루고 있다. 파란 눈의 탈레반 병사들, 우즈베크어에 나타나는 페르시아어, 아랍어, 러시아어 어휘 등은 이를 증명하고 있다. 다시 말하면 각각의 혈통, 언어, 그리고 문화의 원형이 중앙아시아에서는 변형되어 재창조되었다.

그러나 이러한 역사 속에 살았던 자들은 이곳을 지배하고 역사를 만들고 떠나버린 이방인 지배자들이 아니라 이들이 남겨놓은 흔적들 속에서 살아왔던 버림받은 자들이었다.

버림받은 동포들

떠나는 지배자들은 모국으로 가면 된다. 그러나 자신의 지도자를 따라 이곳을 지배하면서 생활한 보통 사람들은 떠나지 못했다. 페르시아인들이 이곳을 지배하고 난 후 알렉산더 대왕을 따라서 그리스인들이 들어왔다. 단기간에 페르시아 귀족과 왕족은 모국으로 귀환했다. 그러나 중앙아시아 원주민들과 결혼하여 가족을 만들고 페르시아가 아닌 중앙아시아에서 태어난 2세, 3세들은 가지 못했다. 페르시아인이지만 페르시아어와 전통을 잘 모르는 동포들이 세대를 달리하면서 수적으로 많아졌다. 그리고 그리스인들이 쳐들어 왔다. 이들은 그리스인들과 죽음을 각오하고 싸웠다. 그러나 그들의 지도자들은 전쟁에서 패배하고 모국으로 떠나버렸다. 이러한 상황은 그리스인들도 마찬가지이다. 아랍인들처럼 특별히 피지배 집단과 결혼을 금지시킨 국가가 아니면 이러한 부류의 인간들이 나타날 수밖에 없었다.

중앙아시아 주민들은 모국으로부터 지도자로부터 버림받은 그들 동포들이 대부분이었다.

알렉산더 대왕은 자신의 오리엔탈 문명을 실천하기 위해 그리스 주민들을 대거 중앙아시아로 이주시키고, 이곳의 주민들과 결혼을 장려하였으며 그 스스로도 이곳의 원주민 여인과 결혼했다. 그녀가 바로 유명한 록산나Roxana였다.

그러나 오늘날의 다문화가정에 해당하는 이들 2세, 3세들은 교통수단이 발달하지 못한 과거에 모국을 방문하는 것이 거의 불가능했다. 따라서 자신의 민족적 정체성을 찾는 것은 단지 할아버지, 아버지 정도에게서 듣는 것으로 만족해야만 했다. 무엇보다 자신이 그리스인인지 페르시아인인지 판단하기도 힘들었다.

보다 더 큰 문제는 다음과 같은 일이 벌어질 경우에 있었다.

과거 페르시아인이 중앙아시아에 와서 원주민과 결혼하고 살다가 그의 후손들이 중앙아시아에 정착을 하였는데 그리스의 침략을 받아 새로운 형태의 다문화 가정을 만들어야 했다. 그런데 이후 그리스인들이 물러나고 다시 모국으로부터 페르시아인들이 이곳을 지배하면서 그들과 조우하는 순간 이들은 버림받은 자들이 되었다. 모국인들이 페르시아의 피가 흐르는 중앙아시아의 페르시아 동포들을 완전히 이방인으로 취급하였기 때문이다.

더 이상 이들은 페르시아인이 아니다. 그렇다고 중앙아시아 원주민도 아니고 그리스인도 아니다. 도대체 이러한 사람들은 어떻게 자신의 민족정체성을 찾아야 할까?

이러한 현상은 현재도 나타난다. 그리고 똑같은 질문이 그대로 반복된다.

아미르 티무르 역시 위와 같은 동포에 해당한다.

칭기즈칸으로부터 시작된 몽골의 세계정복이 완성되자 몽골 지도층은 귀족들과 일부 주민들을 유라시아를 통치하기 위해 현장으로 이주시켰다. 아미르 티무르가 속한 '바를라스' 부족 역시 이러한 명령을 받아 중앙아시아로 터전을 옮겼다. 현재 우즈베키스탄의 중부도시인 샤흐리사브스가 그들이 이주한 장소였다. 차카타이칸국의 지배집단으로 중앙아시아로 이주한 것까지는 좋았으나 몽골이 아닌 이곳 중앙아시아에서 태어난 2세, 3세들은 세대를 달리하면서 몽골어, 몽골전통을 잃어버리기 시작했다.

아미르 티무르의 몸 속에는 몽골의 피가 흐른다. 그러나 그가 주로 구사한 언어는 투르크어였으며 종교 역시 이슬람이었다.

아미르 티무르가 살았던 지역에는 자신과 유사한 부류의 인간들이 대부분이었다. 바를라스 가문이 정착한 샤흐리사브스에 살고 있는 주민들 대부분은 페르시아계였다. 그러나 이들은 버림받은 자들이었다.

아미르 티무르의 친구들 역시 자신과 비슷한 정체성을 가진 자들이었다.

중앙아시아라는 공간에 떠난 지배자들이 남긴 흔적들이 그들의 피속에 남아있었다. 그런데 이것은 모국의 그것이 아니었다. 그들에게 모국은 페르시아, 그리스, 몽골, 중국 등이 아니었다. 일차적으로 모국인들이 그들을 이방인으로 취급했기 때문이었으며, 이차적으로 그들은 모국을 방문한 적도 없었기 때문에 모국어나 전통에 대해 관심을 가지지 못했다. 그러나 아미르 티무르나 그의 친구들에게 한 가지는 분명했다. 자신들이 모국으로부터 버림받았다는 점이다.

동포, 그들은 또 다른 적이다

소수의 지배집단이 다수의 피지배집단을 통치한다는 것은 매우 어렵다. 하물며 이질적인 문화와 민족을 지배한다는 것은 통치방식이 완벽하지 않는 이상 유지되기가 힘들다.

몽골제국의 기틀을 다진 칭기즈칸은 네 아들에게 유라시아를 통치하도록 명하였다.

그러나 그의 사후 제국은 후계자 문제로 인한 내분이 발생하면서 4개의 통치구조는 개별적 국가로 변질되고 말았다. 특히 중국 본토를 완전히 차지한 쿠빌라이가 원元을 선포하면서 이러한 현상은 가중되었다. 급기야 킵차크칸국(러시아 지배), 일칸국(아랍 지배), 차카타이칸국(중앙아시아 지배)은 상호간의 전쟁을 통해 관계가 거의 단절되었으며 더 이상 원이 이들을 통제할 수 없게 되었다. 일칸국은 이슬람 지역을 통치하였기 때문에 다른 칸국들보다 지배하기가 힘들었다. 정치적으로 칸이 이슬람으로 개종까지 하였으나 맘룩조의 저항과 자체의 내분으로 인해 통치력을 상실하고 말았다. 차카타이칸국은 유사한 유목집단인 투르크계 집단을 통치하였기 때문에 위의 두 칸국보다는 통치가 수월하였다. 그러나 인도 델리의 술탄국 원정을 통한 세력의 약화로 혼란을 맞이하게 되었다. 일찍이 구육과 불편한 관계를 가졌던 바투는 킵차크칸국을 통해 독자적인 세력을 과시하였다. 러시아 남부와 동슬라브 지역 일대를 장악한 킵차크칸국은 나머지 2개의 칸국보다 오래 지속되었으나 결국 러시아의 모스크바공국에 의해 무너질 위기에 놓여있었다.

시기는 다를 뿐 유라시아를 통일하여 통치하던 4개의 몽골제국은 위기에 직면하였다.

서서히 제국은 무너지기 시작하고 있었다.

일칸국이 아랍세력에 의해 무너지고 제국의 중심이라고 자부하였던 원이 명에 의해 멸망의 위기에 놓였다.

중앙아시아를 지배하였던 차카타이칸국이 무너졌다.

차카타이칸국의 마지막 칸인 타르마시린 이후 1334년 차가타이칸국은 분열되고 말았다. 새롭게 나타난 두 국가는 트란스옥시아나와 모골리스탄(현재의 카자흐스탄 남부)이었다. 트란스옥시아나는 차가타이의 직계들이 통치를 하였지만 계속해서 내분이 일어나 바로 쇠퇴하고 말았다. 그러나 차가타이칸국의 칸이었던 에세-부카의 자손으로 알려진 투글룩 티무르는 1348년 모골리스탄을 창건하고 군주가

되어 강력한 통치를 수행하였다. 결국 1360년 그는 여러 세력들을 규합하여 트란스옥시아나를 침략하여 지배하였다.

그러나 정세는 여전히 불안정했다.

유목세력인 모골리스탄의 침략과 지배는 정주민이 대부분인 트란스옥시아나에 저항을 가져왔다. 게다가 순수한 몽골 출신인 투글룩 티무르는 우세한 군사력으로 트란스옥시아나를 통치할 수 있었으나 여전히 통치방식의 후진성으로 과거의 영광을 재현하기에 역량이 부족했다. 무엇보다 정주민들의 불만을 제대로 이해하지 못하고 여전히 지배집단의 오만을 그대로 보여주었다. 당시에 이 지역은 앞에서 언급한 것처럼 기존의 페르시아 영향을 받은 주민들과 초기 남하한 투르크집단을 중심으로 하는 피지배집단과 몽골의 지배계층으로 이루어져 있었다. 바로 아미르 티무르와 그의 친구들처럼 몽골로부터, 페르시아로부터 버림받은 동포 후손들이었다.

중앙아시아에는 농경과 유목이 공존하였지만 세력면에서는 유목집단이 우세하였다. 특히 중앙아시아의 동부에 위치한 모골리스탄과 지리적으로 먼 서부지역에서 저항이 강하였다. 이들은 기본적으로 몽골 지배세력을 거부하는 집단이었다. 지배세력에 속한 몽골의 동포들은 모국의 귀족 출신으로 몽골어와 전통을 유지하고 있었다. 따라서 이들은 중앙아시아화 되어버린 자신의 동포들을 같은 민족으로 인식하지 않았다. 이것은 아미르 티무르와 같은 류의 사람들도 동일하게 인식한 내용이다.

같지만 다른 두 집단은 다음과 같은 의식을 가지고 있었다. 동포, 그들은 또 다른 적이다. 그들은 상호간에 자신의 가장 두려운 적으로 서로를 인식했다. 그러나 일단 지배력을 회복한 모국인들은 다른 민족들보다 자신의 동포들에게 더욱 모멸감을 주고 학대했다. 모국이 버린 동포의 후손들은 더욱 자괴감에 빠졌다. 자신들은 누구인가?

이러한 구도 속에서 그들이 판단한 것은 하나였다.

모국에 침을 뱉어라!

아미르 티무르는 유라시아를 통일하였지만 균열의 시대를 열어 스스로 자멸하고 대륙을 혼란으로 끌고 가는 모국 몽골제국의 중세적인 통치방식과 그들의 혈통주의에 비통함을 느끼고 성장하였다. 그는 깨달았다. 자신과 같은 처지가 대부분인 중앙아시아의 피지배 주민들은 결코 몽골제국의 부활을 바라지 않는다는 것을. 이제 자신과 같은 자들을 묶어 거대한 힘으로 만들어 새로운 세계를 열면 된다고 판단했다.

2. 이슬람의 칼로 이슬람의 머리를 베다

버려진 무슬림이 만든 이슬람

아미르 티무르가 새로운 세상을 만들기 위해서는 버림받은 자들의 상처를 안고 희망을 주어야 했다. 모국에 떳떳하게 자신을 내세울 수 있도록 엄청난 무기를 만들어야만 했다.

현재 1970년대 모국을 떠나 미국으로 이민 가서 온갖 고생을 하면서 성공한 재미교포 사회는 자신을 떠나 보낸 조국의 경제발전과 대미관계에 다리가 될 정도로 성장했다. 아미르 티무르의 고민도 같은 맥락이다.

자신의 조상들을 이끌고 중앙아시아를 지배한 모국은 그들을 버리고 떠났다. 그리고 자신의 조상과 이 지역에서 태어나 성장한 후손들은 사회적 지위가 열악하였으며 돌아온 모국인으로부터 멸시까지 받았다. 사회적 차별을 받으며 살아온 그들이었다.

특히 페르시아가 모국인 페르시아 후손들과 몽골이 모국인 몽골의 후손들은 상처만 있을 뿐 희망이 아닌 저주 속에서 하루하루를 살았다. 그리고 그들 사이에도 동병상련의 동질감보다는 상호간에 암투를 벌여 충돌하는 것이 일반적인 행태였다. 뭉쳐서 저 모국을 향해 보란 듯이 살아가야 하지만 그런 것은 고사하고 빈번히 충돌하고 경계하였다.

아미르 티무르는 어떻게 하면 자신과 같은 처지를 가진 이들을 하나의 힘으로 뭉쳐야 할 지 고민하였다.

당시에 중앙아시아에 거주하는 주민들은 이슬람을 믿었다. 그러나 몽골제국의 지배계층은 여전히 이슬람에 무게를 두지 않고 자신들과는 별개의 세상이라고 생각하며 살았다. 다행히 종교적 탄압은 없었으며 일부는 이슬람으로 개종하였다. 그러나 보다 큰 문제는 이 지역에 이슬람을 이식시키고 뿌리내린 국가들의 행태에 있었다. 7세기 아랍의 침략과 지배는 상류층에 이슬람을 전도하였으며, 이후 9세기 사만조 페르시아 왕조는 하층민들도 이슬람을 믿도록 만들었다. 그런데 '같은 무슬림들은 형제'라는 구호가 무색하게 아랍인과 페르시아인은 중앙아시아의 무슬림을 무시하였다. 보이지 않는 우월의식을 가지고 그들을 상대하였다. 당시에 하층민들이 교육을 받을 리 만무했다. 아랍어로 낭독해야 하는 코란은 그들에게 장애요인이 되었다. 그리고 페르시아어를 교육받지 못한 페르시아계 후손들 역시 무시를 당했다. 그들에게 유일한 언어는 투르크어였다. 사실 아랍어는 왕족이나 귀족층의 종교어로서 기능을 하였으며 페르시아어는 행정어나 문학어로 인정을 받았다. 따라서 배운 것 없는 하층민들이 아랍어나 페르시아어를 읽고 쓰는 것은 사치였으며 그들이 정해놓은 장벽으로 교육받기도 불가능하였다. 그리고 아랍 사회와 페르시아 사회는 수니파와 시아파로 나뉘어 순수한 종교를 정치적 도구로 활용하였다.

이러한 분위기 속에서 중앙아시아를 중심으로 이슬람 신비주의인 수피즘이 발달하기 시작했다. 정치적 논리로 이용당하는 이슬람은 진정한 종교가 아니다. 이슬람의 숭고한 본질을 찾기 위해서는 세상을 등지고 종교 활동에 매진해야 하는 것이 그들의 기본 사상이었다. 수도승처럼 고행을 하며 신을 찾기 위한 개인적인 노력에 일생을 바치는 사람들이 나타났다. 그리고 일부는 고행으로 신을 보았다며 자신의 수행 방법을 다른 사람들에게 전수시키기도 했다. 이러한 과정이 진행되면서 교단이 만들어지기 시작했다.

수피즘은 이처럼 이슬람 내부에서 발생한 혁명과도 같았다. 수피즘은 이슬람의 양대 산맥인 수니와 시아파 사이에서 민중을 중심으로 일어나고 있었지만 두 파로부터 탄압을 받았다. 그런데 몽골제국이 이슬람 지역을 침략하고 일칸국을 세우면서 종교의 자유를 장려하자 그 세력이 급속히 확산되었다. 일칸국의 지배자 칸들은 불교, 기독교, 이슬람.등 각각 믿는 종교가 달랐다. 개인의 취향에 따라 자유롭게 종교를 선택하는 것이 이들의 의식이었다. 대신에 수니와 시아가 지배세력을 향해 군사적 움직임을 보이면 가차 없는 공격을 가하였다. 이슬람은 정치와 종교가 일치하는 유일한 종교이다. 따라서 무슬림은 정치공동체의 일원이기도 하기 때문에 정치활동과 전쟁에 적극적으로 참여할 수 있었다. 그러나 몽골제국의 군사력이 너무나 강하였기 때문에 감히 도전하지를 못하고 숨죽여 살아야만 했다. 이러한 환경에서 수피즘은 비정치적인 종교운동으로 새롭게 부상하였으며 단기간에 세력이 확산되었다.

수피즘은 발생과 확산 과정에서 수니와 시아파로부터 냉대와 멸시를 받는 버림받은 종교였다. 그렇기 때문에 기존의 도시 중심의 이슬람 공동체 '움마'를 중심으로 세력을 가지던 공식적 이슬람과 대치되어 주로 시골에 거주하는 무슬림들이 개인적 신앙으로 나아가 작은 규모의 교단으로 발전하였다. 신을 찾은 지도자로부터 그 방법을 배우고자 모여든 무슬림들이 사제지간으로 형성되어 그것이 일종의 교단으로 발전하였다. 그리고 그들의 지도자가 사망하면 학생들은 그를 무덤에 묻고 영묘로 숭배하며 그의 정신을 대대로 이어갔다. 수피즘은 기존의 이슬람 사원에서 하던 종교 활동을 자신들이 숭배하는 지도자의 영묘를 중심으로 전개하였다. 도시가 아닌 시골 곳곳에 이러한 영묘를 중심으로 새로운 이슬람이 확산되고 독자적인 세력을 만들고 있었다.

이러한 행위로 인해 수피즘이 이슬람의 혁명이라고 간주되었으며 수니와 시아로부터 배척당하는 원인이 되었다.

아미르 티무르는 독실한 무슬림이었다.

그의 아버지 '타라가이 바를라스'는 일찍이 수피즘에 심취했으며 교단의 대표자들과 친분이 있었다. 아미르 티무르는 이러한 아버지에 의해 수피즘의 대가들을 만날 수 있었다.

아미르 티무르는 버림받은 이들이 믿는 종교는 자신을 버린 수니와 시아 이슬람이 아니라 수피즘이라는 것을 깨달았다. 그리고 수피즘을 통해 새로운 세력을 집결할 수 있음을 알았다.

중앙아시아에서 버림받은 자들에게 아랍, 페르시아, 몽골 그리고 수니, 시아와 같은 어휘는 적대적 대상이었다. 따라서 적대적 대상에 대항하기 위한 하나의 명분을 제공하는 것이 바로 수피즘이 되었다. 아랍이면서 아랍과 다른 그리고 페르시아이면서 페르시아와 다른 이들에게 수피즘은 자신의 모국인들이 만든 이슬람이면서 이슬람과 다른 형태를 가졌기 때문이다.

중앙아시아에서 수피즘을 본격적으로 발전시킨 사람은 아흐마드 야사위Ahmed Yassayi(1106~1166)였다. 그는 당시에 중앙아시아에 존재했던 셀주크투르크 출신으로 투르크어로 시를 지은 시인이었으며 위대한 수피즘의 대가였다.

이후 중앙아시아에서 최대 수피즘 교단을 구축한 사람은 아미르 티무르와 동시대 인물인 낙쉬반디Baha-ud-Din Naqshband Bukhari (1318~1389)였다. 그는 부하라를 중심으로 자신의 교단을 만들었으며 그의 사후에도 이 교단은 중앙아시아 이슬람 사회에 큰 영향을 주었다. 특히 러시아제국과 소비에트에 대항한 이슬람운동을 주도하였다.

또한 현재 우즈베키스탄과 아프가니스탄의 국경도시인 테르메즈 Termez에는 예언자 무함마드의 직계후손들이 살고 있었다. 이들은 이슬람의 중앙아시아 전도와 함께 이곳으로 이주하여 종교 활동을 전개하면서 정착하였으며, 혈통에 의한 정통성을 인정받아 무슬림들에게 존경을 받았다. 이러한 배경으로 중앙아시아 이슬람 사회의 실제적인 종교지도자로서 그리고 영향력이 있는 정치지도자로서 활동하였다. 이들 중에서 가장 대표적인 인물이 바로 사이드 바라카였다. 사이드 sayyid는 예언자 무함마드의 직계후손만 이름에 붙일 수 있었다. 그런데 테르메즈의 예언자 후손들은 중앙아시아로 몽골제국의 침략과 차카타이칸국이 세워지면서 지배자 칸들로부터 굴욕적인 대우를 받았다. 이들은 향후 아미르 티무르의 몽골제국 제거에 정신적 후원자가 되었다. 무엇보다 이들 역시 아랍과 페르시아를 중심으로 전개되는 수니와 시아 사이의 정치적 성격을 띤 종교전쟁을 비난하였다. 그들역시 버려진 자들이었다.

버려진 땅에서 버려진 자들이 만든 이슬람은 수피즘이었다. 그들은 교단을 중심으로 곳곳에 세력을 만들었으며 점차적으로 새로운 세상

카자흐스탄 남부도시 투르키스탄에 존재하는 야사위 영묘

을 만들고자 준비하고 있었다. 그리고 아미르 티무르는 이처럼 수피즘 교단을 통해 중앙아시아에서 버려진 자들을 하나의 힘으로 모아가기 시작했다.

이슬람의 칼로 이슬람의 머리를 베다

이러한 현상을 현대에 접목시키면 아미르 티무르는 집권여당과 제1야당 사이에서 제3당을 만든 것이다. 그리고 국가운영의 통치 패러다임을 새롭게 하여 국민들에게 제3의 길을 제시하였다. 몽골제국과 수니와 시아 이슬람이라는 양대 세력에 맞서 이들을 타도하고자 하는 버려진 자들을 통합시켜 대권에 도전한 모습이다.

아미르 티무르가 새로운 세상을 만드는데 내걸었던 공약은 이슬람의 병폐를 뿌리 뽑는 것이었다. 아미르 티무르 연구의 대가인 앗시드 S. A. M. Adshead는 무슬림으로서 아미르 티무르는 원리주의자가 아닌 세속주의자이고 근대주의자라고 주장하였다. 그는 이슬람의 기본체제인 정교일치를 고수하지 않았다. 이슬람의 창시자 무함마드는 종교지도자이자 정치지도자였다. 따라서 모든 이슬람 국가는 정교일치를 기본으로 지도자를 선출하였다.

그러나 아미르 티무르는 자신을 종교지도자로서 단 한 번도 인정하지 않았으며 다음과 같은 정책을 고수하였다.

첫째, 이슬람의 관리는 무슬림 지도자들에게 전적으로 맡겼다.

아미르 티무르가 종교 논쟁에서 승리를 하였다. 카말-앗-딘 후세인 가주르가히의 그림, 1506년

어느 날 아미르 티무르는 아미르 하마다니에게 왜 머리를 검은 색으로 감았냐고 물었다. 그러자 그가 자신의 죽은 영혼을 애도하는 것이라고 했다. 그러자 아미르 티무르가 영혼이 죽을 수 있느냐고 물었고, 만약에 죽지 않는다면 죽은 영혼이라는 것이 있을 수 없으며, 만약에 모든 영혼이 죽는다면 애도할 필요가 있냐고 물었다. 그러자 하마다니는 어떻게 답해야 할지를 몰랐다.

둘째, 이슬람이 정치문제에 개입하는 것은 금지시켰으며 실제로 전통적인 정치·종교적 지도자 역할을 해 오던 '울레마'를 정부기관에서 배제시켰다.

셋째, 자신의 이름을 가진 신학교를 건립하지 못하게 하였다. 자신은 분명하게 이슬람세계에서의 정치지도자이지 종교지도자가 아니기 때문에 신학교 명칭에 이슬람학자들이나 지도자의 이름이 적합하다고 무슬림들을 설득하였다. 위대한 정복자이자 통치자라면 자신의 이름을 딴 신학교를 상징적으로 가지고 싶어 했을 것인데 아미르 티무르의 생각은 달랐다. 그는 자신도 일반 백성들과 다를 바 없는 평등한 무슬림이라고 여겼던 것이다.

넷째, 그는 수피즘을 신봉하는 지지자들을 규합하기 위해 각 교단의 지도자들을 기리기 위한 영묘 재건축에 지원을 아끼지 않았다. 영묘를 중심으로 기존의 울레마와 대립된 종교 활동을 하는 수피즘 신봉자들에게 이것은 반가운 내용이었다.

아미르 티무르는 많은 공을 들여 수피즘의 대가 아흐마드 야사위의 영묘를 당대 첨단의 공법으로 재건하도록 명령하였다. 현재 카자흐스탄 남부의 투르키스탄에 위치하는 이 영묘는 높이 39m의 직사각형 건물이며 지붕은 2중 돔으로 푸른색 타일로 장식되어 있다. 특히 돔의 크기는 지름 18.2m, 높이 28m로 당시 중앙아시아에서 가장 큰 규모였다.

그리고 당대의 최고 이슬람 지도자인 사이드 바라카와 예언자의
후손들에게 적극적인 지원을 아끼지 않았다. 이들 역시 이미 중앙아
시아에서 토착화되어 엄격한 의미에서 아랍의 이슬람 사회에서 배척
당하는 위협을 느끼고 있었기 때문에 여전히 그들을 존경으로 받드
는 아미르 티무르에게 감사하면서 그의 정신세계에 영향을 주었다.

  새롭게 부상하는 수피즘과 이를 신봉하는 무슬림들에게 아미르 티
무르는 그들만의 종교 활동에 자유를 허용하여 이슬람세계에 뉴파워
를 키워나갔다. 이것은 어차피 상호간에 윈윈전략이었다.

  이러한 토대는 훗날 아미르 티무르가 이슬람 사회의 두 주류인 수
니의 아랍과 시아의 페르시아를 침략할 때 명분이 되었다.

  아미르 티무르는 중앙아시아 무슬림들이 신을 찾아가도록 전폭적
인 지원을 하였다. 그리고 중앙아시아에 이슬람 사원, 영묘, 신학교
등을 건립하여 메카-다마스쿠스-바그다드에 이은 제4의 메카를 사
마르칸트에 만들었다.

3. 몽골의 후손, 칭기즈칸을 버리다

성城을 쌓는 유목민

13세기 칭기즈칸의 출현 이후 대륙을 지배한 두 개의 기둥은 몽골

제국과 이슬람이었다. 어느 누구도 여기에서 벗어날 수 없었다. 그러나 14세기에 들어서면서 두 기둥이 변화하는 세상을 따라가기에 힘겨워 보였다. 일칸국이 무너지고 차카타이칸국마저 무너졌다. 그리고 이슬람 사회는 제3의 세력인 수피즘의 확산으로 기존의 수니와 시아가 가지고 있었던 종교적 권위가 흔들리기 시작했다.

칭기즈칸은 만성적인 유목사회의 단점을 제거하고 유목사회가 가지는 장점을 최대한 개발시켜 농경사회를 지배하였다. 무엇보다 철저한 법률정비를 통해 시스템을 만들어 갔다. 그것이 바로 대자사크이다. 몽골의 유목적 사회규범과 칭기즈칸의 통치이념을 담은 최고 권위의 법전이다. 그러나 이것은 이미 시대의 변화를 읽지 못하고 있었다. 특히 유라시아의 무슬림들을 비롯한 다양한 민족들을 상대로 이 법들을 적용하기에는 그 내용이 너무나 부족했다. 이것은 단지 몽골초원에 살던 몽골인들에게나 적용되는 수준이었다. 고도의 이슬람 법체계에 비하면 말 그대로 초라할 뿐이었다. 이슬람 사회에 대자사크가 적용될 항목은 거의 없었다.

알라의 말씀인 코란과 예언자 무함마드의 언행을 기록한 하디스 그리고 이슬람 성법 샤리아를 통해 이슬람 사회는 통제되고 있었다. 특히 이러한 이슬람 법체계는 현대의 민법과 상법에 버금갈 만큼 탄탄한 항목을 가지고 있다. 따라서 더 이상 대자사크가 유라시아 피지배자들을 지배하는 법규가 될 수 없었다.

무엇보다 유목사회는 시스템이 아닌 지도자의 카리스마로 움직였다. 비록 시스템을 구축하였다고 해도 몽골제국의 유목민들은 여전히 카리스마에 의존하였다. 칭기즈칸 사후 몽골제국의 귀족회의인 쿠릴타이는 정상적인 방법으로 운영되지 못했다. 중심을 잃은 귀족들은 다시 자신의 목소리를 내며 권력투쟁을 자행하였다. 몽골의 초원인 카라코룸에서만 개최되었던 쿠릴타이가 실세들의 정치적인 목적에 따라 유리한 곳에서 개최되었으며 만장일치 역시 조장된 것이었다. 소외된 여타 귀족들은 강한 반발을 통해 자신의 영역을 유지한 채 중앙정부에 협조하지 않았다. 이러한 불신의 골은 깊어가 결국 같은 형제들끼리 전쟁을 하게 되었다. 게다가 몽골제국의 군사 통치에도 불구하고 농경사회의 잠재력은 다시 살아나 본토 회복을 준비하고 있었다. 이러한 위기를 일부의 몽골지배자들은 이슬람으로 개종하여 달래려고 하였으며 급기야 농경문화를 받아들이는 것으로 모면하려고 하였다. 쿠빌라이의 시도는 새로운 전환점을 가져왔다. 농경문화의 중심지에 수도를 정하고 만성적인 유목문화의 악습을 타파하고자 했다. 차라리 지금의 군사력을 유지하면서 농경문화를 습득해 몽골제국의 영원한 지배를 달성하자는 것이 그의 기본 구상이었다. 그러나 당대의 변화가 후손들에게까지 연결되지 못했다. 중국의 찬란한 문하에 그들은 흡수되어 자신의 정체성을 잃고 말았다.

이처럼 칭기즈칸이 만든 대제국은 단기간에 몰락으로 이어졌다.

그의 자랑스러운 후예들은 패잔병을 이끌고 쓸쓸히 몽골초원으로 돌아가고 있었으며 농경사회에서 출생한 후손들은 초원으로 돌아가지 않겠다고 버티고 있었다.

아미르 티무르는 몽골제국의 후손이다.

그러나 그는 자신의 모국을 무너뜨리고자 했다.

그러기 위해서는 무너지는 몽골제국과 같아서는 결코 되지 않는다고 판단했다. 구시대의 유물이 되어버린 대자사크를 버려야만 했다.

유목민 아미르 티무르는 그들의 사회에서 금기시하는 성을 쌓기 시작했다.

그리고 성을 지탱하는 새로운 두 기둥을 세웠다.

하나는 수피즘이라는 제3의 이슬람이었으며 다른 하나는 진화된 대자사크인 '울로제니아'였다.

아미르 티무르 법전: '울로제니아Ulozenia'

칭기즈칸에게 대자사크가 있다면 아미르 티무르에게는 '울로제니아'라는 법규가 있었다. 이것은 그의 국가경영철학과 행정규칙이 담긴 법전이었다.

아미르 티무르는 현재의 정부조직과 유사하게 부처를 만들었으나 감찰기능을 담당하는 자신의 직속기관 '지반Divan'을 만들어 모든 정부기관을 철저하게 통제하고 보고하도록 하였다. 이 특별기구는 내무, 국방, 재무, 감사, 외무, 지방, 국고관리 등 총 7개의 부서로 구성되었으며 책임자는 '지반벡'이라 불렸다.

아미르 티무르는 관료들에게 개인횡령과 반역을 가장 큰 죄로 규정하여 이를 엄히 적용하였다. 이러한 규칙은 그의 친인척에게도 예외가 없었다. 만약에 그들이 죄를 범하면 이슬람의 성법이 아니라 예외적으로 칭기즈칸의 대자사크에 따라 처벌하도록 규정하였다. 친족과 정부의 투명성과 충성이 바로 국가 발전이라는 것을 그는 알고 있었다.

아미르 티무르는 천상의 12궁과 12달에 기초하여 국가 운영에 필요한 주요 구성원들을 12개로 분류하여 관리하였다. 이들에게는 형식적인 계급이 존재하였으나 제한된 차별은 없었다. 이들의 역할은 다음과 같다.

직급 및 역할

1. 선지자의 후손, 학자: 종교적, 법적 자문

2. 인텔리: 정책 제안

3. 사제단: 전쟁에서 승리 기원

4. 재상: 정부 실무 담당

5. 군대: 전쟁 담당

6. 특벽 자문단: 정책기밀 자문

7. 비서진: 지반의 기능 담당

8. 의사, 천문학자, 건축가: 의료, 건축 담당

9. 서기: 국가 문서 관리

10. 수도승, 명상가: 종교의 영적 가르침

11. 장인: 무기관리

12. 여행가, 상인, 사신: 외국 문물 및 정보 조달

이를 토대로 그는 다음과 같은 세부적인 항목을 만들었다.

1. 국가통치 12계명

2. 지배자 12계명

3. 주민 12계급

4. 피지배 외국인에 대한 법령

5. 병사에 대한 대우

6. 군대조직에 대한 법령

7. 군대, 장교, 병사의 임금에 대한 법령

8. 전리품 분배에 대한 법령

9. 아미르 티무르 가족구성원의 권리에 대한 법령

10. 아미르 티무르 가족구성원의 의무에 대한 법령

11. 아미르 티무르 가족구성원의 죄에 대한 처벌 규정

12. 정부조직에 대한 법령

13. 병사들의 승진에 관한 법령

14. 군악대 구성에 대한 법령

15. 복장과 무장에 대한 법령

16. 재상의 의무

17. 관리 임명에 대한 법령

18. 지위에 따른 위계질서에 대한 법령

19. 회의에 대한 법령

20. 식민지 통치의 법령

21. 정부의 통치 법령

22. 정보와 교류를 증진시키는 법령

23. 국민의 경제생활 향상, 사회질서 확립, 문화, 주민생활에 대한
    법령

24. 전투에 대한 법령

그 자신은 지배자의 계명을 선포하여 스스로 지켜나갔다.

지배자 12계명

1. 지배자는 어느 누구의 명령도 받지 않는다.

2. 지배자는 청렴하고 덕망 있는 재상과 관리를 선택하여야 한다.

3. 명령과 금지는 엄격함을 요구한다. 어떤 누구도 그것을 바꾸지 못하도록 자신에게도 그것이 적용되어야만 한다.

4. 지배자는 자신의 결정에 확고부동해야 한다.

5. 비록 지배자의 명령이 수행하는데 힘들더라도 신속하게 추진되어야 한다.

6. 정부의 업무에 지배자가 다른 사람을 의지하지 않으면 국가는 안전하다.

7. 지배자는 다른 사람의 충고를 무시하면 안 된다.

8. 지배자는 누군가의 행동과 언행을 따라가서는 안 된다.

9. 지배자의 권력을 향한 존경은 모든 사람이 복종할 수 있도록 백성과 군대의 마음에 강하게 자리 잡아야 한다.

10. 지배자는 항상 스스로 내리는 명령에 확고부동함을 잃지 말아야 한다. 이것은 지배자의 가장 강력한 힘이다.

11. 지배자는 명령을 공포할 때, 동료들을 경계해야만 한다. 그는 업무에 동지들을 채용하지 말아야 한다.

12. 다른 중요한 경계는 지배자를 둘러싸고 있는 사람들을 인식하는 것이다. 그들과의 관계는 매우 엄하게 유지되어야 한다.

울로제니아는 이슬람의 법규와 대자사크의 장점을 뽑아서 만들어졌다. 다시 말하면 시대의 흐름에 적합한 법적 토대를 구축한 것으로 평가된다. 특히 군사적인 부문에 세부적인 항목을 제시하여 아미르 티무르식 군대를 양성하는데 밑거름이 되도록 하였다.

4. 대륙의 심장을 살려라

원정을 떠나야만 하는 운명

칭기즈칸을 비롯한 선대의 유목제국들은 반드시 가야만 하는 한 곳이 있었다. 바로 중국이었다. 젖과 꿀이 흐르는 중국을 차지하는 것이 유목제국들이 가지는 최대의 과업이었다.

흉노, 돌궐, 몽골, 거란, 여진 등은 일차적으로 유목사회를 통일한 후 무리를 이끌고 무조건 중국으로 갔다. 사실 다른 지역은 별 관심이 없었다. 몽골제국도 마찬가지였다. 만약에 몽골사신을 무자비하게 죽였던 '오트라르 사건'이 없었다면, 칭기즈칸은 세계를 만나지 못했을 것이고 유라시아의 대제국을 건설하지도 못했을 것이다.

그러나 중앙아시아를 통일한 아미르 티무르는 갈 곳이 없었다.

반대로 말하면 온 사방이 가야 할 곳이었다. 몽골제국의 후예들은 러시아 지역을 여전히 지배하고 있었으며 중국에서는 원이 무너지고 명明이 새롭게 건국되었다 그리고 페르시아는 분열되어 통일된 국가가 만들어지지 못하고 있었으며 아랍은 맘룩조와 오스만제국으로 분할되어 통치되고 있었다.

당대의 강대국들과 신흥강국들로 중앙아시아는 둘러싸여 있었다. 그런데 이상한 현상이 나타났다.

주변의 어느 국가도 아미르 티무르를 쳐다보지 않았다.

아미르 티무르는 당시의 국제정세를 분석하였다. 러시아를 통치하고 있는 킵차크칸국은 성장하는 모스크바공국을 비롯한 슬라브민족들의 강력한 저항에 부딪혀 고전하고 있었다. 명은 신흥국가로 내실을 다지고 있었기 때문에 외부에 눈을 돌릴 수 없었다. 페르시아 지역은 중심을 잃고 분열되어 내분이 극심하였다. 아랍지역은 식민지정부인 몽골제국의 일칸국을 몰아낸 후유증으로 권력투쟁의 내분이 진행되고 있었다. 마지막으로 오스만제국은 유럽의 발칸반도를 향해 영토를 확장하고 있었기 때문에 동쪽에 대해 관심이 없었다.

결과적으로 아미르 티무르가 중앙아시아를 통일할 당시에 어느 국가도 그의 땅에 눈을 돌릴 수 없는 상황이었다. 어떻게 보면 그는 행운아였다.

유라시아 연구의 대가인 룩 콴텐이 칭기즈칸의 몽골초원 통일이 가능했던 것은 당시에 주변 강대국들이 그곳을 쳐다볼 상황이 아니었기 때문에 이루어질 수 있었다고 평가한 것처럼 아미르 티무르의 부상에 대해 주변국들은 관심을 돌릴 상황이 아니었다. 다시 말하면, 당대의 국가들은 몽골제국의 식민지 통치를 벗어나 해방의 기쁨을 누린 직후로 국가의 체계를 새롭게 만드는 과도기 상황이었다. 여기서 단기간에 신체제를 구축한 국가가 오스만제국과 명이며, 킵차크칸국은 무너지느냐 다시 지배하느냐의 기로에 서 있었다.

아미르 티무르는 생각했다.

지금처럼 사마르칸트가 방치된 적이 없었다. 그리고 지금처럼 실크로드가 죽은 적은 없었다.

유라시아의 진주 사마르칸트와 중앙아시아는 한 번도 적의 수중에 들어가지 않은 적이 없었다. 알렉산더 대왕, 칭기즈칸은 먼 길을 마다하지 않고 이곳을 침략하여 지배하였다. 이 위대한 정복자들이 왜 지금의 아미르 티무르 땅에 왔는가? 그것은 바로 사마르칸트가 실크로드 무역에서 제 기능을 해야만 유라시아 전체가 번영하였기 때문이다.

사마르칸트가 죽으면 유라시아대륙 전체가 죽는다. 유라시아를 살리기 위해 당대의 강대국들은 사마르칸트로 가야만 했다. 그래서 지금까지 사마르칸트는 외부세력의 손아래 있었던 것이다.

그러나 지금은 아미르 티무르가 통치하고 있다. 그런데 사마르칸트는 죽어가고 있었다. 아미르 티무르는 원인을 찾아야 했다. 무엇보다 주변국이 안정되지 못하면 지리적으로 중앙에 위치하는 중앙아시아는 고사되었다. 따라서 당대 최대의 무역로인 위대한 실크로드가 막히면 아미르 티무르 국가는 존재의 의미가 없었다. 중앙아시아의 발전과 번영은 실크로드의 운명과 직접적인 관련이 있었다.

지금 저들은 실크로드를 죽이고 있으며 그것은 아미르 티무르 자신을 죽이는 것과 같았다. 그는 살기 위해서 길을 열어야 했다. 그는 사신들을 주변국들에게 파견하여 무역교류를 원한다고 알렸다. 실크로드를 살리자고 호소하였다. 그러나 그들은 아미르 티무르 사신들을 처형시켜 대답을 대신하였다. 아미르 티무르의 평화적인 제안들이 보기 좋게 멸시를 당한 것이다. 후대의 학자들은 아미르 티무르가 원정만 단행한 원인을 분석하였다. 대부분 그가 실크로드의 부활과 소통을 위해 직접 길을 열려고 원정을 떠났다고 평가하고 있다.

아미르 티무르에게 실크로드의 소통은 거시적으로 유라시아대륙 전체의 발전을 의미하지만 그 개인에게는 국가의 존폐와 직접적인 관련을 가졌다. 아미르 티무르는 주변국들에게 최후의 서신을 보냈다.

"성벽을 헐고 길을 열어라! 만약에 그렇게 하지 않으면 당신들의 피로 열리라"

아미르 티무르는 살기 위해 원정을 떠날 수밖에 없었다. 그리고 원정에서 승리하면 성벽을 파괴하였다. 만약에 적들이 다시 성벽을 세우면 거침없이 다시 쳐들어가 성벽을 무너뜨렸다. 성을 쌓는 유목민 아미르 티무르에게 성은 벽이 아니었다. 길을 열어주고 연결시켜주는

사마르칸트에서 연회를 베풀고 있는 아미르 티무르.
샤라프-앗-딘 알리 이아지의 그림 《자파르-나메》 세밀화 중에서, 1629년

아미르 티무르는 긴 원정을 마치고 승리를 자축하며 연회를 베풀었다. 이 그림 속의 아미르 티무르는 적에게는 공포스럽고 자신의 국민에게는 한없이 인자한 '이상적인 승려'와 같은 모습으로 그려져 있다. 그림 속 아미르 티무르는 그의 확고부동한 위치를 확인시켜준다.

공간일 뿐이었다.

오직 한 가지 목적을 위해 양성된 군대

중앙아시아의 새로운 지배자가 된 아미르 티무르는 자신의 국가를 정치적, 경제적으로 강력하게 만들려는 구상을 하였다.

그는 먼저 외부 세력의 침입에 대항할 강력한 수도가 필요했다. 이러한 목적을 이루기 위해 아미르 티무르는 사마르칸트를 선택하였다. 여기에 그는 도시의 성벽, 요새 그리고 성을 세우기 시작했다. 이 건축물들은 고대 소그드 수도가 몽골제국에 의해 잿더미가 된 후 150년이 지나서야 복구되는 영광의 상징이었다. 아미르 티무르는 자신의 조상들에 의해 폐허가 되다시피 한 이 도시를 후손인 자신의 손으로 다시 만들고 싶었다.

아미르 티무르가 사마르칸트를 수도로 결정한 것은 이 도시가 가지는 역사적 의미를 그가 일찍이 파악했기 때문이다. 사마르칸트는 실크로드의 중간기착지이자 유라시아의 허브였다. 이곳이 번창하면 중앙아시아 전체가 경제적으로 안정감을 되찾았으며 유라시아대륙 역시 경제성장의 혜택을 누렸다. 반대로 이 도시가 제 기능을 하지 못하면 중앙아시아의 경제와 유라시아대륙의 경제가 침체되었다. 아미르 티무르의 꿈을 실현하기 위해서는 사마르칸트를 살려서 막대한 부를 추구해야만 했다. 이를 바탕으로 군사력을 향상시킬 수 있었으며 국제무역에서 위상을 높일 수 있었다.

그러나 아미르 티무르 집권 당시에 실크로드 무역은 거의 침체되어 있었으며 각 지역마다 신흥국가들이 정치적 과도기를 맞이하느라 무역로에 대한 관심을 두지 못하고 있었다. 비록 원元이 중심이 되어 동북아 지역은 안정을 찾고 있었으나 몽골제국의 칸국들이 잇따라 멸망하게 되면서 과거와 같은 막대한 세수稅收와 대규모 무역이 줄어들었다. 게다가 마지막으로 남은 킵차크칸국은 실크로드를 배제한 초원의 길을 따라 무역을 독점하고 있어서 부의 불균형이 심화되었다. 그러나 이것마저도 모스크바공국의 강력한 저항이 시작되면서 세수와 무역의 규모가 불안정했다. 서쪽에서는 오스만제국이 건국되어 실크로드 무역을 원하는 서유럽 국가들에게 위협을 가했기 때문에 유라시아대륙 전체의 경제규모와 성장은 현저하게 떨어졌다.

아미르 티무르는 당시의 국제정세를 파악하여 새로운 도전을 감행해야만 했다.

위대한 선조 칭기즈칸이 이루었던 실크로드의 통일이 필요했다.

아미르 티무르의 정복여정은 바로 실크로드의 소통을 위한 것이었으며 나아가 유라시아대륙 전체의 통일을 이룩하여 과거의 몽골제국이 건설한 하나의 유라시아를 꿈꾸는 것이었다. 결과적으로 죽어가는 유라시아의 심장을 살리는 것은 유라시아대륙의 모든 통치자들이 달성하고자 했던 마지막 관문이었다.

아미르 티무르의 역사적 목표는 과거 칭기즈칸의 길이었다. 그러나 사마르칸트가 항상 중심이 되어야 한다는 생각은 변함이 없었다. 몽골제국은 비록 위대한 제국을 건설하였지만 중심이 없었다. 만약 제국의 수도가 유라시아대륙의 중앙에 건설되었다면 상황이 달라졌을 것이다. 쿠빌라이가 원을 건국하고 원경(현재의 북경)을 수도로 정하여 유라시아의 중심지 역할을 하였으나 서부의 정세가 불안정해지면서 타격을 받는 취약한 지리적 문제를 가지게 되었다. 각 칸국들은 일정한 수도가 없는 경우도 있었으며 비록 있었다고 하더라도 통치와 정치의 중심지로서 기능만 담당하였다.

아미르 티무르는 사마르칸트의 지리적 이점을 잘 파악하고 있었다.

그는 왜 몽골제국이 이 도시를 과거의 영광만큼 살리지 못하고 죽였는지 이해할 수 없었다. 심장은 중앙에 있어야 안정감을 가진다. 마찬가지로 유라시아의 심장은 대륙의 가운데 위치해야 한다.

그곳이 바로 사마르칸트였다.

이미 이 도시는 심장의 기능을 해왔기 때문에 새로운 것이 아니었다. 단지 폐허가 되어버린 인프라를 복구하는 것이 당면 과제였다. 이를 위해서는 심장을 살려야 했으며 실크로드의 복원이 무엇보다 중요했다. 아미르 티무르는 자신의 첫 번째 목표를 결정하였다.

"죽어가는 실크로드를 살려야 한다! 이를 방해하는 자들에게 죽음

자신의 군대를 살펴보고 있는 있는 아미르 티무르. 샤라프 앗-딘 알리 이아지의 《자파르-나메》 세밀화 중에서, 사마르칸트, 1629년

아미르 티무르는 항상 자신의 군대의 준비 상태를 직접 검사했다. 그렇게 하는 것이 진정한 지도자라고 생각을 했다. 잘못된 것을 고쳐주고 잘한 것은 바로 칭찬을 하고 포상을 했다.

만이 있을 뿐이다!"

이러한 이유로 아미르 티무르는 인류 역사상 전무후무한 국제전을 치르기 위해 대원정을 감행한다. 그리고 자신의 군대를 오로지 이 한 가지 목적을 달성하도록 양성하였다.

5. 인류 최후의 정복자: 위대한 실크로드 원정 170일 연승

14세기에 나타난 나폴레옹 포병

아미르 티무르의 위대한 원정과 국제전 연전연승의 신화가 가능했던 원동력은 시대를 초월하는 독창적인 군대의 편성에 있었다. 만약에 아미르 티무르가 여전히 몽골제국의 기마병을 중심으로 군대를 운용하였다면 그의 170일 국제전 전승은 불가능했다.

세계적인 군사학 전문가 리차드 심프킨Richard Simpkin은 나폴레옹 전쟁을 현대전의 효시로 보고 있다. 이유는 다음과 같다.

첫째, 용병이 아니라 국민군 중심으로 군대를 조직했다.
둘째, 군수 보급물자를 경량화하여 군대의 기동성을 증가시켰다.
셋째, 포병을 실질적으로 전쟁에 활용하였다.

넷째, 사단을 편성하여 지휘권을 분권화시켰다.

다섯째, 호령전법의 지휘체계를 명령전법 지휘체계로 바꾸었다.

위의 내용들을 살펴보면 한 가지를 제외하고 나머지는 칭기즈칸의 몽골군대를 보는 듯하다. 기동성의 중요성, 사단의 편성, 그리고 명령전법은 유목군대의 표준으로 알려져 있다. 최첨단의 몽골기마병들이 가졌던 원천기술은 말의 무게를 가볍게 하는 다이어트 메커니즘이었다. 소대, 중대 등과 같은 사단의 편성은 천호제를 개발한 칭기즈칸의 개발품이었다. 특히 전쟁론의 대가 폰 클라우제비츠는 나폴레옹이 군 지휘에 있어 종전의 호령을 간단한 명령으로 대체하였다고 하지만 칭기즈칸을 비롯한 중국대륙의 장수들은 이미 명령을 사용하고 있었다. 어떻게 10만이나 되는 병사들을 호령으로 움직일 수 있었겠는가?

국민군의 창시는 마키아벨리에 의해서 주장되었다. 그러나 인구의 증가와 더불어 군사선발에 충분한 내적 자원을 가진 시대에서 국민군의 형성은 가능하였지만 칭기즈칸 시대에 자체적인 군사력만을 가지고 국민군을 만들지 못하였다. 그럼에도 불구하고 칭기즈칸은 몽골군대를 집단별로 차별화시켜 사단을 형성하였으며 그 중심에는 국민군이라 할 수 있는 순수 몽골기마병들이 존재하였다는 점에서 별다른 차이가 없는 듯하다. 그리고 용병을 사용한 적은 한 번도 없었다. 대신에 복속한 집단들을 활용한 다민족군대를 창설하여 양적인 증가를 이루었다.

그러나 단 한 가지 나폴레옹이 칭기즈칸과 차별성을 가지는 것은 바로 포병의 활용이다.

칭기즈칸 역시 최근의 연구에 의하면 포병을 활용하였다고 알려지고 있다. 중국 네이멍구 대학의 '마지'교수는 1214년 칭기즈칸이 대장 목화려도로 하여금 500명의 전사를 선발해 사상 최초의 몽골포병부대를 편성하고, 당시로서는 과학기술이 낙후했던 몽골제국에 비해 '선진국'이었던 금나라와 서하에서 노획한 대석포로 무장시켰다고 발표하였다. 그러나 여전히 전쟁터에서 군사 활동의 중심축은 기마병이었다. 실제로 13세기 초 당시의 기술력을 가지고서는 포병이 기마병의 대오를 깨뜨리는데 큰 역할을 하지 못했다. 조준 기술과 재장전에 필요한 시간 등이 기마병의 속도를 잡지 못했기 때문에 포병의 역할은 후대에 기술개발과 더불어 본격화 되었다.

포병지휘관 출신인 나폴레옹은 각종 전투에서 포의 활용을 극대화하여 유럽대륙을 공포 속으로 몰아갔다. 그는 포병의 활용도를 높이기 위해서 사수의 조준실력과 부사수들의 재장전속도를 향상시키기 위하여 반복적으로 훈련을 시켰다. 무엇보다 교차 포격을 통해 적의 진지를 일시에 혼란으로 빠뜨리는 최첨단 전술을 개발하였다.

아미르 티무르는 칭기즈칸의 유목군대가 가지는 첨단의 신화가 무너지면서 새로운 대안의 무기를 개발해야만 했다. 탁월한 기동성을 중시하는 몽골의 기마병들이 투르크계 기마병들에 의해 제압되는 모습이 나타났으며 특히 1380년 모스크바공국이 '꿀리꼬보'평원에서 여전히 최강을 자랑하던 몽골 기마병을 파괴한 것은 일대의 사건으로 인식되었다.

따라서 아미르 티무르는 일찍이 유목군대의 첨단기술에 무엇인가를 더해야만 최강의 전력을 갖출 수 있는 군대가 될 것이라고 확신했다.

아미르 티무르의 선택은 포병이었다.

유목군대에서 기존에 포의 역할은 튼튼한 나무로 만들어진 성문을 공략하기 위해 사용되었다. 포가 성문에 구멍을 뚫으면 기마병이 들어가 적을 유린하였다. 그러나 철문의 도입과 더불어 포의 크기도 위력을 배가시키기 위해 비례하여 커져갔으나 이동의 어려움과 재장전에 걸리는 시간 등으로 인해 활용 가치가 떨어졌다. 특히 아미르 티무르는 원정만을 수행했기 때문에 효과적인 포의 이동과 재장전의 시간을 단축시키는 기술이 필요하였다. 그는 우선 아랍과 페르시아에서 가져온 포를 활용하여 군대의 한 축을 담당케 하였다. 그리고 반복되는 훈련을 통해 투르크계 유목군대와 농경군대가 가지지 못했던 당시의 첨단 포병을 양성하였다.

앗시드는 칭기즈칸식 기마병에다 나폴레옹식의 포병이 혼합된 아미르 티무르 군대를 복합군대의 출발점으로 평가하고 있다

이처럼 아미르 티무르는 적의 군대와 차별화되는 군대와 군사력을

아미르 티무르가 창안한 체스게임에
나타난 대포, 점선 표시.

개발하고 키워냈다.

기본적으로 아미르 티무르 군대는 칭기즈칸시대와 다를 바 없는 인
적 구성을 가지고 있었다.

저명한 중앙아시아 역사학자 베아트리체 만츠에 의하면 아미르 티
무르 군대는 6개로 구성된 동심원 모양을 가졌다고 한다.

아미르 티무르 자신, 부인, 자식들, 그들의 배우자, 손자, 지인, 개
인 수행원으로 구성된 핵심부분이 군대의 최고 지도층이었다.

1370년 이후 아미르 티무르를 제외한 위의 구성원들은 티무르군대
의 사령관이 되었다. 이들은 대략 10,000명(만호제)으로 구성된 군사
단위를 담당하였다. 궁극적으로 모든 군사들은 아미르 티무르와 친족
의 휘하에서 통제를 받았다.

핵심부분을 제외하면 귀족층 부족, 후세인을 지지했던 부족, 아미르 티무르의 추종자들, 중앙아시아 일반 유목민, 그리고 페르시아어를 구사하는 정주민, 보병보조들로 나머지 5개가 구성되었다. 이들은 핵심부분을 제외하면 명목상의 서열만 존재할 뿐 출신에 따라서 활동과 계급이 제한되지 않았다.

이러한 유기적인 6개의 동심원은 기마병, 포병, 보병, 공병 그리고 코끼리부대로 이루어지는 아미르 티무르식 군대의 조직으로 재편되어 활용되었다.

아미르 티무르는 기존의 몽골제국 군대가 가지는 것을 세분화하고 당시의 첨단기술을 도입하여 혁신적인 모양을 갖추도록 시도하였다.

기마병은 유목사회에 일반화된 경기병輕騎兵뿐만 아니라 유럽식 중기병重騎兵을 배치하여 활용도를 극대화 하였다. 그리고 보병과 포병을 배치하여 유기적인 연합작전이 가능하게 만들었으며, 공병을 통해 기동성을 배가시켰다.

아미르 티무르의 군사전술은 다음과 같은 순서로 진행되었다.

• 1단계, 포병을 통한 기선 제압.

적과의 대치국면에서 기존의 유목제국이 기마병 중심으로 적을 유린한 것과 달리 아미르 티무르는 우선 포병과 보병을 통해 적의 진지를 무너뜨렸다. 전통 방식을 고수하는 적군이 기마병을 앞세워 돌진하면 포병들이 쉴 새 없이 포를 날려서 적의 기마병을 당황하게 만들었다.

- 2단계, 보병을 통한 소모전.

진열이 무너진 적의 기마병이 허둥대는 동안 보병이 진격하여 적의 기마병들과 소모전을 펼치며 괴롭혔다. 그리고 보병은 아군의 기마병이 격전장에 들어오도록 진입로를 고수하는 역할을 담당했다.

- 3단계, 기마병을 통한 마무리.

포병과 보병에 의해 세력이 약화된 적의 기마병을 향해 아군의 기마병이 진격하여 승부를 결정짓는다.

이러한 전술은 당시에 존재하던 몽골제국의 군대와 주변의 투르크 유목군대와는 차별을 가지는 획기적인 방식이었다.

과거처럼 유목기마병의 존재가 몽골군대에 독보적인 시절에는 전통의 기마병전술이 가능하였지만 아미르 티무르는 주로 몽골제국의 후예와 투르크계 유목민들과 싸워야 했기 때문에 대부분의 주변국은 유목기마병을 보유하고 있었다. 따라서 전통 방식으로 인해 기마병과 기마병이 충돌하면 양측에 큰 손실만 가져왔을 뿐 위력이 강하지 못했다. 그리고 인도 원정 후 도입한 코끼리부대를 적재적소에 활용하여 적을 당황하게 만들었다. 중세의 코끼리부대는 현대의 탱크 역할을 했다.

아미르 티무르식의 복합군대는 몽골제국의 유목기마병, 나폴레옹식의 포병, 전통의 보병 그리고 탱크 기능을 담당한 코끼리부대로 구성되었기 때문에 전술의 다양성과 효율성이 배가 되었다. 따라서 14세기 최첨단의 무기와 전술로 무장한 아미르 티무르 군대는 170일 국제전 연승신화를 달성할 수 있었다. 이러한 새로운 군대의 조합은 18세기 산업화된 전쟁이전까지 세계최강 군대들의 표준이 되었다.

인간이 만든 최고의 무기는 사람이다

복합군대의 창시자인 아미르 티무르는 군대의 무형전력을 최대한 활용한 탁월한 심리전술가이기도 했다. 아무리 군대가 유형적으로 우수하다고 하더라도 지휘자의 전술과 병사들의 사기가 적군보다 월등하지 않으면 전쟁에서 쉽게 승리하지 못한다.

아미르 티무르의 출발은 패배의 시작이었다.

투글룩 티무르의 몽골제국 군대에게 패배를 당하면서 유랑자 신세가 되기도 하였다. 그러나 후세인과 연합하면서 자신만의 군대를 양성하여 성과를 거두기 시작하였다. 특히 자트군과의 전쟁에서 수적인 열세에도 불구하고 승리를 거둘 수 있었던 것은 유형전력보다 무형전력을 효과적으로 활용하였기 때문에 가능하였다.

일반적으로 군사전문가들은 전투력의 구성요소를 다음과 같이 산술적으로 계산한다.

$$P=KMV^2 \ (K=지휘능력, 병사들의 사기. M=물량(화력). V=속도(기동))$$

아미르 티무르시대의 전쟁에서 속도는 큰 의미를 가지지 못했다.

대부분의 국가가 기병을 통한 전술을 사용하였기 때문에 속도의 우위를 가릴 수 없었다. 아미르 티무르는 항상 물량인 화력에서 적군보다 부족했다. 그러나 자신의 탁월한 지휘능력과 병사들의 사기를 조성하여 이를 극복하였다.

아미르 티무르는 병사들에게 승리에 대한 개인적인 보상을 보장하였다. 수적인 열세를 극복하고 전쟁에서 승리하기 위해서는 최상의 방법이었다. 중앙아시아의 통일 이후 계속되는 원정으로 인해 아미르 티무르 군대의 병사들이 피곤한 신체적 어려움에도 불구하고 정신적으로 오히려 적군보다 항상 높은 사기를 가진 것은 승리의 보상이 철저히 지켜졌기 때문이었다.

최고의 무기를 만들기 위해 아미르 티무르는 다음과 같은 법령을 제정하였다.

병사의 아들에게도 월급을 제공한다

이것은 두 가지 의미를 가진다.

첫째, 병사들은 모두 월급을 받았다.

둘째, 병사의 아들에게도 월급이 지불되기 때문에 전쟁에서 아버지가 전사하더라도 그의 가족은 생계가 보장되었다.

아미르 티무르의 울로제니에는 다음과 같은 항목이 있다.

장교와 병사를 격려하기 위해서 나는 그들에게 금이나 보석을 아끼지 않는다. 그리고 그들이 내 책상으로 다가오는 것을 허락한다. 그러면 그들은 전장에서 나를 위해 희생할 것이다.

아미르 티무르식의 보상제도는 다음과 같이 정해졌다.

첫째, 전투에서 살아나면 말 한 필을 보상받았다.

둘째, 전투에서 용맹성을 보이면 두 배가 되었다.

셋째, 10명의 부하를 거느린 장교는 병사들보다 10배의 보상을 받았다.

넷째, 전쟁에서 죽은 자의 가족은 국가가 평생을 책임진다.

그러나 위의 보상규정은 단지 원칙일 뿐이었다.

실제로 아미르 티무르와의 전쟁에서 참가하여 승리를 거두고 전리품이 한 곳에 모이면 졸병부터 아미르 티무르까지 업적에 따라 나누어 가졌다. 인도의 델리 술탄국 원정에서 승리한 후 졸병 한 명이 무려 20명의 노예를 가졌다고 하니, 군사들이 가져가는 보상금은 전투의 규모가 크면 클수록 엄청난 것이었으며 부자가 될 수 있는 지름길이었다. 아미르 티무르는 특별히 치열한 전투에서는 적의 목을 베어낸 병사들에게 보너스까지 지급한다고 약속하여 철저한 성과급 제도를 군대에 적용시켰다.

또 다른 무형전력인 지휘관의 능력은 아미르 티무르의 카리스마와 천재적인 전술능력으로 인해 나타났다. 그는 원정에 모두 참여하였을 뿐만 아니라, 항상 선두에서 서서 지휘를 하였으며 적장과 일대일 결투도 마다하지 않았다. 특히 초창기 전투에서 보여준 아미르 티무르의 일대일 결투는 사실상 그 자신에게도 필요하였다. 수적인 열세를 한 방에 뒤집는 기회를 제공해 주었기 때문에 그는 이를 효과적으로 활용했다. 그리고 이러한 아미르 티무르의 모습에 병사들은 감동받았으며 언제나 그가 우리를 지켜 주리라는 믿음을 가지게 되었다. 대신에 아미르 티무르는 엄격한 훈련을 통해 군대의 규율을 잡아갔으며 실전을 통해 자신의 전술을 완전히 익히도록 명령하였다. 복합군대의 효율적인 전술을 위해서는 적군보다 수십 배에 달하는 훈련이 필요한 것은 당연하였다.

아미르 티무르의 훈련에 대한 엄격함은 다음의 일화에도 나타난다.

맥아더장군은 다음과 같은 말을 남겼다. "전투에서 실패는 용서받을 수 있어도 경계의 실패는 용서받을 수 없다." 마찬가지로 아미르 티무르의 한 병사가 50m 높이가 되는 첨탑에서 보초를 서고 있었다.

미나레트라고 불리는 이 첨탑은 원래 무슬림들에게 예배시간을 알리는 구실을 하였다. 높은 곳에서 소리를 내어 예배시간을 알려주면 일반 무슬림들은 첨탑 옆의 사원에 모여 기도를 올렸다. 그런데 지형적으로 지평선이 대부분인 중앙아시아에서 미나레트는 적의 출현을 사전에 알아내는 군사적 역할도 담당하였다.

아미르 티무르는 경계의 상황을 알아보기 위해 불시에 순시를 나서곤 했다. 그는 야간에 몇 명의 그룹을 만들어 적처럼 위장하게 만들어서 사마르칸트로 달려오게 하였다. 사실 칠흑 같은 어둠에서 소규모 병

부하라에 있는 칼란 미나레트

력의 존재를 식별하기는 어렵다. 그러나 첨탑 위의 병사들은 바로 신호를 알렸다. 순식간에 출발한 야간당직 병사들에 의해 위장한 아군은 포위되었다. 아미르 티무르는 나타나서 보초병을 칭찬하였다. 그런데 위장병의 지휘자인 장교가 갑자기 말에서 내려 첨탑으로 올라가 몸을 던져버렸다. 연습임에도 불구하고 자신이 발견되어 포위된 것에 대한 수치심으로 극단적인 방법을 선택한 것이었다. 아미르 티무르는 항상 훈련과 실전을 동일하게 인식하도록 주문하였지만 이러한 사태가 일어날 줄 예상하지 못했다. 그는 장교의 죽음을 전 군대에 알리고 가족들에게 엄청난 양의 하사품을 전하면서 죽음을 애도하였다.

아미르 티무르는 원정을 떠나게 되면 병사들에게 최고의 음식을 제공하였다. 세계최강이었던 몽골제국의 푸른군대가 마른 육포를 씹으면서 원정을 떠나는 것과 다르게 병사들이 평소에 집에서 먹던 음식들을 요리해서 먹도록 하였다. 중앙아시아 전통음식 가운데 오씨Osh라는 것이 있다. 흔히들 말하는 필라프Pilaf이다. 쌀, 양파, 홍당무, 마늘, 양고기 등을 한꺼번에 넣어서 기름과 물을 섞어 끓여내는 음식이다. 이 음식의 유래는 투르크 유목민이 아닌 페르시아에서 찾으며 알렉산더 대왕이 페르시아를 정복하고 중앙아시아에 들어와서 먹었다는 기록이 있다. 이 음식은 지금도 중동, 이란, 중앙아시아, 파키스탄 등에서 즐겨 먹고 있다. 아미르 티무르는 원정을 떠나면 군사들에게 이 음식을 제공하였다고 한다. 오씨는 어른 한 명이 들어갈 수 있는 커다란 냄비에 한꺼번에 2천여 명이 먹을 수 있도록 요리할 수 있다. 사람의 수에 따라서 냄비의 크기만 달리하면 되는 군사용 음식에 적합하였다. 2만 명의 병사가 원정을 가면 10개를, 20만 명이 떠나면 100개를 가지고 가면 되는 것이다.

시간이 지나면서 아미르 티무르군대는 기계처럼 움직였다. 보병, 기병, 포병, 공병, 코끼리부대가 한 몸처럼 민첩하게 움직였기 때문에 적이 상상하는 전력보다 몇 배의 힘을 그의 군대는 숨기고 있었다.

아미르 티무르는 특히 심리전의 대가였다.

앞에서 보았듯이 수적인 열세를 극복하기 위해서 위장전술을 사용하여 적군들로 하여금 아군의 수가 더 많다는 것을 보여 주어 혼란시키는 전술이었다. 이를 위해서 아미르 티무르는 철저한 지형조사를 중요시 하였다. 적이 볼 수 없는 자리에서 아군을 위장시켜 수적인 우위를 보여주고자 했기 때문이다. 낮에는 먼 곳부터 사막의 먼지를 일으키는 전술을 사용하였으며 밤에는 횃불과 봉화를 사용하여 위장하였다.

아미르 티무르는 성을 공격할 때 고도의 공포전술을 사용하였다.

성을 포위한 첫째 날 그는 흰 깃발을 올리도록 한다. 이것은 항복을 하면 모두 사람의 목숨은 살려준다는 의미였다. 둘째 날에는 붉은 기를 올리게 하였다 통치자와 지도자들은 처형한다는 의미였다. 셋째 날에는 검은 깃발이 올라갔다. 이것은 모두를 죽인다는 표시였다. 이러한 기간이 경과하여도 적이 항복하지 않으면 무자비한 공격이 감행되었다.

아미르 티무르의 공포전술은 특히 주변 지역을 공격할 때 사용되었다. 칭기즈칸의 전술을 활용하여 한 곳의 성에 본보기를 보여줌으로써 다른 지역이 순순히 항복하도록 유도하였다. 저항은 곧 비참한 죽음으로 연결된다는 것을 알리는 계기로 삼기 위해 그리고 전투력의 낭비를 줄이기 위해 사용하였다.

그런데 이것이 아미르 티무르를 학살자라는 평가 받게 하는 행적이 되었다. 실제로 그는 페르시아와 아프가니스탄 지역의 전쟁에서 잔인함을 드러냈는데 이는 필수불가결한 전술이었다. 사마르칸트의 신생국이 세력을 확장하기 위해서는 그들의 위력을 알려야 했기 때문에 아미르 티무르의 판단은 칭기즈칸의 판단과 동일하다고 평가해야 한다.

찢어버리고 싶은 국가들: 모골리스탄과 호레즘

르네 그루세는 아미르 티무르의 원정을 원칙이 없이 뒤죽박죽식으로 자행하였다고 분석하였다. 실제로 그의 원정은 연대기순으로 정리하는 것이 불가능하다. 여기서는 그가 원정을 떠나서 파괴한 지역별로 나누어 이야기 할 것이다.

굶주림의 힘으로 군대를 단련시킨 아미르 티무르는 처음부터 강적들을 상대로 원정을 단행하지 않았다. 오히려 자신들의 존재를 알리는데 필요한 적당한 상대를 물색하였다. 아미르 티무르는 먼저 모골리스탄의 잔당을 정리하고 싶었다. 이미 그들의 세력은 약화되어 가치가 없었지만 몽골제국의 직계 후손들이 대의명분을 내세워 세력을 규합하고 있었기 때문에 언제 다시 그 힘이 회복될지 몰랐다. 그 중심에는 과거 아미르 티무르를 괴롭혔던 일리야스 호자를 살해한 카마르 앗 딘Qamar ad-Din이 있었다.

전쟁 개시 전 아미르 티무르는 언제나 그랬던 것처럼 알라께 기도를 올렸다. 그리고 그의 뒤를 이어 정신적 지주인 이슬람 지도자 사이드 바라카가 기도를 드렸다. 그는 기도를 끝내고 입맞춤한 땅의 흙을 한 손에 쓸어 담았다. 그리고 적진을 향해 힘차게 뿌리면서 외쳤다.

"원하는 곳으로 가라! 너는 승리할 것이다!"

아미르 티무르는 모골리스탄의 잔당이 거주하는 현재의 카자흐스탄 동부와 키르기즈스탄 전 지역을 샅샅이 뒤지면서 적의 수장인 카마르 앗 딘을 포위해 나갔다. 그러나 단기간에 그를 체포하여 모골리스탄을 사라지게 할 수는 없었다. 천산산맥의 험준한 산악지형을 이용하여 게릴라전을 펴는 그의 전술에 아미르 티무르는 여러 번 원정을 떠나야만 했다. 그는 급기야 천산산맥을 넘어 투르판까지 밀고 올라갔다. 이러한 원정 과정에서 모골리스탄의 잔당들은 모두 아미르 티무르를 인정하고 항복하였다. 그러나 카마르 앗 딘은 1392년까지 소수의 무리를 이끌고 동투르키스탄을 떠돌며 생명을 유지했다.

아미르 티무르는 북동쪽이 어느 정도 정리되자 서쪽인 호레즘으로 눈을 돌렸다. 호레즘은 현재의 우즈베키스탄 서부지역이자 페르시아, 중동, 유럽으로 향하는 실크로드의 관문이었다. 당시에 호레즘은 1360년 킵차크칸국의 혼란을 틈타 이곳을 장악한 후세인 수피Husayn Sufi에 의해 독립된 왕국이 존재하고 있었다. 그러나 호레즘은 경제적으로 정치적으로 킵차크칸국에 의지하고 있었다. 따라서 실크로드의 서부 관문이자 경제적 요충지인 이 지역이 킵차크칸국의 영향력 아래에 있으면 유럽으로 가는 실크로드가 차단되고 사마르칸트의 경제적 번영은 달성될 수 없었다. 게다가 당시에 서유럽 국가들은 실크로드 무역을 줄이고 초원의 길을 따라 무역을 지속하고 있었기 때문에 향후 실크로드의 부활과 사마르칸트의 경제적 성장을 위해서도 호레즘이 필요하였고 나아가서는 킵차크칸국과의 일전도 불사해야만 했다. 아미르 티무르는 사신을 보내 후세인 수피가 점령한 히바가 원래부터 중앙아시아의 땅임을 알리고 순순히 물러날 것을 요구하였다. 그러나 그는 이를 받아들이지 않았다.

아미르 티무르는 즉각 호레즘 왕국의 수도에 해당하는 카트의 공격을 단행하였다. 이 과정에서 후세인 수피는 사망하고 그의 동생인 유수프 수피Yusuf Sufi가 정권을 잡았다. 그는 조카딸인 한자데Khanzade를 아미르 티무르의 아들인 자항기르에게 시집보내겠다고 약속하면서 평화를 요구하였다. 그녀는 칭기즈칸의 직계 후손이었다. 따라서 아미르 티무르는 그의 제안을 받아들였다. 그러나 자항기르는 1375년 모골리스탄을 공격하러 떠났다가 전사하고 말았다.

그런데 유수프는 조카 사위의 죽음을 슬퍼하기는 커녕 오히려 화친을 깨고 사마르칸트 방향으로 공격을 시도하였다. 아미르 티무르의 분노는 하늘을 찔렀다. 그는 너무나 억울하고 분했다. 도대체 자신을 얼마나 우습게보았으면 이런 행위를 한다는 말인가!

1379년 아미르 티무르는 호레즘을 완전히 도륙시키려고 결심하고 군대를 이끌고 떠났다. 유수프는 자신의 무모함을 깨달았지만 이미 돌이킬 수 없는 길을 가고 말았다. 우르겐치에 도착한 아미르 티무르는 혼자서 말을 타고 성문으로 나아가 유수프에게 일대일 전투를 제안하였다. 그러나 겁에 질린 유수프는 나오지 않았다. 이로서 승부는 이미 끝났다. 3개월 동안 우르겐치를 포위한 아미르 티무르 군대의 위용과 분노에 유수프는 질려버렸다. 결국 그는 죽임을 당했고 도시는 함락되었다. 이후 호레즘 왕국이 어떻게 되었는지는 말하지 않겠다. 아미르 티무르는 호레즘으로 5차례 원정을 단행하여 현재의 중앙아시아 지역을 완전히 손아귀에 넣었다. 1380년 아미르 티무르의 위상은 초기 차카타이칸국의 위대한 정복자가 부활하는 것을 의미하였다. 그리고 칭기즈칸의 대제국이 다시 살아나고 있음을 주변에 알리는 계기가 되었다.

『이슬람 대백과 사전』에는 다음과 같이 적고 있다.

그의 지배는 모골리스탄과 호레즘의 정복과 더불어 시작되었다

주변 지역을 정복한 아미르 티무르는 어느 정도 자신감이 생겼다. 전리품으로 군대 양성과 국가의 인프라를 만들었다. 특히 이성보다는 감정적으로 쳐들어가 지배한 호레즘을 놓고 킵차크칸국과 외교 갈등을 겪을 줄 알았지만 아무런 대응이 없었다. 오히려 놀라운 소식이 전해졌다. 1380년 모스크바공국의 '드미트리 돈스코이'대공이 '쿨리코보'평원에서 킵차크칸국의 식민정부인 청호르드를 처음으로 격퇴하였던 것이다. 지배의 한계를 드러낸 마지막 몽골제국인 킵차크칸국이 아미르 티무르의 호레즘 정복에 대해 반응하지 못한 이유가 있었다. 사실 아미르 티무르는 1376년 자신을 방문한 칭기즈칸의 직계후손인 톡타미시Tokxtamysh가 자신에게 지원군을 요청하였을 때 이미 킵차크칸국의 운명을 예감하고 있었다.

길을 옮기다: 러시아 원정

1376년 아미르 티무르에게 뜻밖의 손님이 찾아왔다.

톡타미시!

러시아 일대를 지배하던 몽골제국은 킵차크칸국이었으며 금호르드Golden Horde로 더 잘 알려져 있다. 통치자의 천막 색깔이 금색이었기 때문에 붙여진 이름이었다. 금호르드는 현재의 서부 러시아, 우크라이나, 백러시아, 코카사스 일부에 이르는 넓은 영토를 통치하였으나 14세기 중엽에 접어들면서 세력이 약화되었다. 급기야 금호르드를 대신하는 새로운 통치 국가가 나타났다. 그것이 바로 백호르드White Horde와 청호르드Blue Horde이다. 이처럼 2개의 소국으로 분열되어 과거 금호르드 지역을 통치하는 시스템이 나타나면서 피지배지역의 저항이 본격적으로 나타났다.

톡타미시는 당시에 백호르드의 권력 투쟁에서 밀려나 도망자 신세였지만 칭기즈칸의 직계혈통으로 엄청난 야망을 품고 있었다. 그는 아미르 티무르에게 자신이 백호르드의 왕좌에 오를 수 있도록 지원을 요청했다.

러시아에게 초원의 길이 없었다면 그 역사는 달라졌을 것이다. 고대 동서교역로 역할을 담당하였던 이 길은 유럽과 동북아시아 유목지역을 연결하였다. 따라서 고대 러시아 지역은 동북아시아에서 발원한 유목민 집단들의 끊임없는 침략을 받았다. 그러나 러시아는 근대에 접어들어 이 길을 따라 동진을 하였다. 말이 달리던 그 길에 철도를 건설하여 기차로 과거 그들을 괴롭혔던 동북아시아 유목민들에게 처절한 복수를 자행하였다. 초원의 길은 러시아에 의해 현재

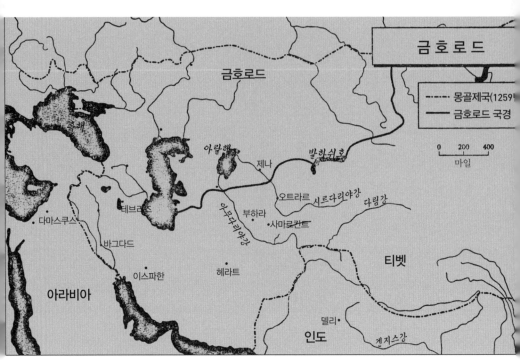

금호로드의 영토. 금호로드는 14세기 초 중앙아시아 최대의 면적을 차지하고 있었다.

시베리아횡단철도TSR로 재탄생하였다. 유라시아대륙을 가로지르는 두 개의 길인 초원의 길과 실크로드는 대륙의 정세에 따라 그 비중이 달랐다. 대체로 유목집단들이 거주하는 불안한 초원의 길보다는 실크로드가 선호되었다. 특히 몽골제국의 유라시아 통일과 더불어 실크로드는 최전성기를 누렸다. 그러나 제국의 멸망과 더불어 쇠퇴해지면서 다시 초원의 길이 유럽과 아시아로 가는 무역로 역할을 담당하게 되었다. 게다가 오스만제국의 강력한 통제로 인해 실크로드가 차단되면서 지중해를 따라 드네프르강 하류로 다시 초원의 길로 이어져 중국으로 가는데 킵차크칸국이 무역상들을 보호해 주었기 때문에 초원의 길이 선호되었다. 이러한 상황에서 아미르 티무르가 중앙아시아를 통일했을 당시에 실크로드는 점점 그 기능을 잃고 있었다. 따라서 킵차크칸국과의 일전을 그는 이미 생각하고 있었다. 문제는 그 시기가 톡타미시에 의해 당겨진 것이다.

아미르 티무르는 톡타미시를 불러 군대를 지원하겠다고 약속했다. 대신에 무역로의 조정을 요구하였다. 일단 러시아의 지배권을 얻고자 하는 톡타미시는 아미르 티무르의 지원에 충성맹세까지 하면서 그로부터 호감을 얻고자 모든 것을 약속하였다. 그러나 톡타미시는 그의 지원에도 불구하고 백호르드의 군대를 쉽게 공략할 수 없었다. 계속되는 전투에서 톡타미시는 패배하였지만 백호르드 역시 손실이 만만치 않았다. 마침내 1378년에 톡타머시는 아미르 티무르의 후원 속에 백호르드의 왕좌에 오를 수 있었다.

아미르 티무르는 이제 남은 청호르드의 정복을 준비하려고 톡타미시와 함께 원정을 계획하였다. 그런데 뜻밖에도 1380년 모스크바공국의 '드미트리 돈스코이'대공이 '쿨리코보'평원에서 청호르드 군대를 격파시키는 사건이 발생했다. 톡타미시는 이틈을 타서 아미르 티무르의 지원 없이 청호르드를 물리치고 킵차크칸국의 최고지배자로 등극하였다. 그리고 그는 여세를 몰아서 1382년 모스크바공국으로 쳐들어가 도시를 불태우고 다시 러시아 지역의 최고통치자가 되

톡타미시

었다. 모스크바공국을 비롯한 러시아 지역은 기나긴 몽골제국의 지
배로부터 벗어날 수 있었지만 결국 아미르 티무르가 톡타미시를 지
원했기 때문에 독립의 순간을 먼 훗날로 기약해야만 했다.

톡타미시는 아미르 티무르의 지원으로 자신의 목표를 달성하였
다. 그러나 그는 아미르 티무르와 했던 약속을 지키지 않았다. 오히
려 직계 혈통인 자신만이 과거의 몽골제국을 부활시키는 적자라고
판단하고 현재 아미르 티무르가 지배하고 있는 과거 일칸국과 차카
타이칸국 영토로 공격을 준비하였다. 1385년 톡타미시는 조지아(그
루지아)의 트빌리시를 공격하면서 아미르 티무르에 대항하기 시작

했다. 이어서 1387년 그는 아제르바이잔의 아미르 티무르 군대를 공격하였다. 그러나 '미란 샤흐'가 그의 공격을 막아냈다. 아미르 티무르는 포로를 풀어 주면서 그에게 친서를 전달하도록 명했다. "내 아들처럼 생각하고 있는 귀공이 왜 아무런 이유 없이 우리 영토로 군대를 보내어 수많은 무슬림을 쳐부수려고 하는가? 앞으로는 그 같은 부당한 행동을 피해 주기 바라오."

아미르 티무르의 친서를 받은 톡타미시는 오히려 격분하였다. 그는 칭기즈칸의 적통인 자신을 비웃는 내용으로 모욕을 느꼈으며 반드시 그를 정복하리라고 다짐하였다. 그리고 실제로 아미르 티무르에게 위기가 닥쳤다. 킵차크칸국의 재도약으로 아미르 티무르 주위의 몽골귀족들이 톡타미시를 지원하려고 하였기 때문이다. 당시의 최고 혈통은 톡타미시가 분명하였으며 그의 군사력 역시 대단하였기 때문에 상대적으로 출신이 미약한 아미르 티무르보다 그를 지원하여 명분을 만들고자 하였다. 그 중심에는 아미르 티무르가 굴복시킨 모골리스탄의 후예가 있었다. 톡타미시의 침략은 이들의 지원이 있었기에 가능하였다.

이런 위험을 정리하기 위하여 아미르 티무르는 1389년, 1391년 그리고 1394~1395년 3차례에 걸쳐 톡타미시를 제거하기 위한 대원정을 감행하였다. 그는 1391년 20만 대군을 이끌고 사마르칸트를 지나서 타슈켄트에 머물렀다. 봄에 러시아 남부를 통과하여 우랄로

갔다. 아미르 티무르는 이러한 자신의 원정에 대해 1391년 4월 '울루그토그'에 있는 절벽에 다음과 같이 새겼다.

"아미르 티무르는 킵차크칸국 통치자 톡타미시에 대항하여 20만 병사와 함께 이 지역을 통과했다."

아미르 티무르와 톡타미시의 군대는 현재의 사마라와 치스토폴 사이에 위치하고 있는 쿤두스차강 연안에서 만났다. 1391년 6월 18일. 이후 3일 동안 피비린내 나는 전투가 치러졌다. 아미르 티무르는 톡타미시 군대를 완전히 패배시켰다. 그러나 그는 톡타미시를 물리치고 매우 많은 전리품을 획득하였지만 금호르드의 군사적·경제적 힘이 여전히 강하여 완전한 손상을 입히기 위해서는 지속적인 전쟁이 필요하다는 것을 인식하였다. 따라서 그들 사이에 경쟁은 계속되었다.

1395년 봄.

아미르 티무르와 톡타미시 군대 사이에 긴장된 전쟁이 북카프카즈 타락강의 계곡에서 일어났다. 아미르 티무르는 그가 즐겨 사용하는 초승달 형태의 포위전술을 이미 파악하고 있었다. 그는 일반적으로 사용되는 전투 초기에 방어태세를 갖추다가 적의 공격이 약해지면 역습하는 형태를 역으로 적용하였다. 이를 위해서는 후방의 군대를 강화시킬 필요가 있었다. 예상대로 적군이 초승달 대형으로 아미르 티무르 군대를 포위하자마자 그는 적의 중앙에 집중적으로 타격을 가하였다. 이로 인해 톡타미시 군대는 양분되었다. 이 틈을 이용하여 아미르 티무르 군대의 후방부대가 분열된 톡타미시 군대를 상대로 양측에서 공격을 감행하였으며 중앙을 뚫고 나간 전위부대는 역으로 돌아와서 톡타미시 군대를 포위하여 공격하였다. 결과적으로 초승달의 대형이 양분되면서 아미르 티무르의 후방과 전위부대가 역으로 이를 포위하는 진열로 뒤바뀌었다. 큰 손실을 입으며 패배에 직면한 톡타미시는 식민지 영토에 머물면서 한적한 숲 속에 자신을 위한 은신처를 찾았다. 아미르 티무르는 톡타미시를 계속해서 추적하여 모스크바까지 갔다. 돌아오는 길에 랴잔 공국 영토를 지나면서 볼가강 하류지역을 차지했다. 톡타미시는 최후의 몽골제국 계승자 전쟁에서 비참한 결과를 얻고 자기 동생에게 살해되었다. 이미 킵차크칸국의 운명은 기울어져 있었다.

톡타미시의 패주

아미르 티무르는 금호르드를 실질적으로 지배하면서 자신의 구상을 실현시켰다. 초원의 길에서 아시아 유목지역으로 가는 북쪽노선을 근절시키며, 전체 무역로가 다시 중앙아시아의 도시들이 존재하는 실크로드로 향하도록 만들었다.

인더스강을 넘다: 인도 원정

아미르 티무르가 존경하는 위대한 정복자인 알렉산더 대왕과 칭기즈칸은 사실상 인도를 넘어가지 못했다. 당연히 그들의 군대라면 중장기적으로 인도를 통째로 삼켰을 것이다. 그러나 그들은 인도를 포기하고 고향으로 돌아갔다. 알렉산더 대왕은 인도를 두 차례 침략하여 승리를 거두었다. 그러나 엄밀히 말하면 그의 인도 원정은 현재의 파키스탄이다. 비록 승리를 거두었으나 장기간의 원정으로 지친 병사들의 불만으로 인해 철수를 단행하였다. 인도의 중심인 델리는 그렇게 안정을 찾을 수 있었다. 칭기즈칸은 원래부터 인도에 관심이 없었다. 그 역시 역대의 유목정복자들처럼 중국 본토에만 관심이 있었다. 그러나 오트라르의 비극을 자행한 호레즘 샤 왕조에게 무자비한 복수를 단행한 칭기즈칸은 우연한 기회에 인더스강을 바라볼 수 있었다. 호레즘 샤 왕조의 왕자인 잘랄 앗 딘이 그의 군대를 패배시키고 말았다. 치욕감을 느낀 칭기즈칸은 그를 무찌르고 그가 도망가는 인더스강까지 추격하였다. 그러나 잘랄 앗 딘이 인더스강에 몸을 던

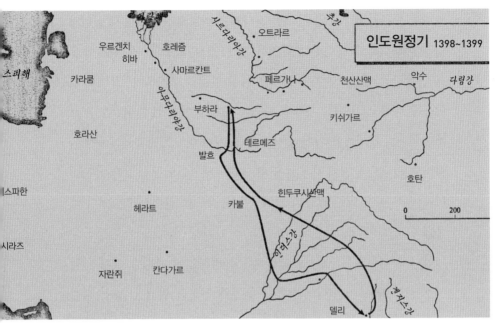

인도원정도

져 강을 건너가자 공격을 멈추게 하였다. 그리고 미련 없이 떠나고
말았다. 이미 죽은 것과 다름없는 그를 더 이상 추격한다는 것은 아
무 의미가 없었기 때문이며 무엇보다 중국 본토 공략이 시급했기 때
문이다.

아미르 티무르는 동시대 최대의 적으로 오스만제국(1299~1922)
을 염두에 두고 있었다. 그의 고향인 중앙아시아에서 왕조를 창건하
여 이 지역의 사정을 누구보다도 잘 아는 집단이었으며, 비록 호레즘
샤 왕조와의 중앙아시아 패권전쟁에서 패배하여 저 멀리 아나톨리

반도로 도주를 하였으나 강력한 군사력을 바탕으로 그곳에서 실질적인 지배세력으로 군림하고 있었다. 당시에 이교도 국가인 비잔티움을 압박하고 있었으며 발칸반도를 넘어 현재의 불가리아, 코소보 지역을 지배하고 있었다. 서유럽 사회는 십자군 전쟁 이후 이교도인 오스만제국에 두려움을 가지기 시작했다. 게다가 오스만제국의 군대는 아미르 티무르의 군사 대부분을 차지하는 투르크인들과 같은 유목민이며 전투 방식 역시 전통의 기마병을 중심으로 전개하고 있었기 때문에 그 위력이 대단하였다.

아미르 티무르는 자신의 실크로드 복원사업에 마지막 상대가 될 이 제국에 대해 이미 다양한 루트를 통해 정보를 얻고 있었다. 정치적으로 경제적으로 안정을 구가하고 지속적으로 군사력을 증가시키고 있는 이 미래의 적을 현재의 아미르 티무르 군대가 맞서게 되면 상호간의 치명적인 손실이 발생할 것이 자명했다. 그렇게 되면 자신의 통치하에 있는 여타 지역에서 다시 세력을 규합하여 전쟁이 발생할 것이라고 그는 생각하였다. 단 한 번에 오스만제국을 물리칠 수 있는 힘을 키우기 위해 현재의 경제력을 배가시켜야 하며 이를 통해 군사력을 확실한 우위에 두어야만 했다.

지난 수많은 전쟁은 이미 기울어져 가는 세력들과의 충돌이었기 때문에 비교적 쉽게 승리를 거둘 수 있었다. 그러나 자신과 마찬가지로 아나톨리 반도를 평정하려는 이 세력은 자신감에 차 있는 신흥강국이었다.

아미르 티무르는 어느 때 보다 긴장하고 있었다.

어느 날 그에게 묘안이 떠올랐다. 인도를 먼저 공격하자!

당시에 인도는 중앙아시아 출신의 투르크인들이 건국한 왕조가 있었다. 북인도에 위치하는 델리에 수도를 정하고 이슬람의 군주인 술탄이 지배했기 때문에 델리술탄이라고 불리는 국가가 존재하고 있었다. 지배계층인 투르크인들은 비록 무슬림이었지만 인도의 전통계층인 힌두교를 믿는 전통호족들과 유대관계를 맺고 있었다. 그 세력이 이미 남인도까지 미치고 있었다. 특히 당시에 델리는 엄청난 부를 축적한 도시로 알려져 있었다.

아미르 티무르는 긴급회의를 소집하고 자신의 뜻을 밝혔다. 그러나 예상외로 반대가 심하였다. 지금까지 이러한 경우가 거의 없었다. 아미르 티무르는 재상들에게 반대하는 이유를 말하라고 명했다. 한 재상이 델리 술탄국에는 무시무시한 코끼리부대가 있다고 대답하였다. 만일에 공격을 한다면 새로운 전술이 필요하다고 덧붙였다.

아미르 티무르는 갑자기 머리가 맑아졌다. 그 동안 자신을 긴장하게 만들었던 오스만제국과의 일전에 확신이 섰기 때문이다. 같은 조건에서 전쟁은 서로에게 상처만 남길 뿐이지만 새로운 첨단무기가 있다면 분명히 승리할 수 있을 것이다. 그것이 코끼리 부대였다.

아미르 티무르는 신하들에게 명하여 자세한 정보를 가져오도록 하였다. 그는 코끼리부대를 쳐부숴야하는 비책이 필요했다. 재상이 들어와서 보다 자세한 정보를 보고하였다. 정치적으로 델리 술탄국은 무함마드 이븐 투글루크와 피로즈 샤 이후 강력한 중앙집권적 통치를 하지 못하고 분열되어 내전이 빈번하다는 반가운 내용이었다.

아미르 티무르는 전쟁을 서둘렀다. 누구보다도 유목제국의 습성을 잘 아는 그였기 때문에 상대방의 분열은 천군만마와 같은 확실한 우군이었다.

1398년 5월 아미르 티무르는 군대를 세 개로 편성하여 펀자브, 라호르, 그리고 힌두쿠시로 나누어 출발시켰다.

아미르 티무르는 가장 험난한 길을 몸소 지휘하였다.

그의 연승신화에는 이처럼 자신이 앞장서서 위험을 타파하는 모습을 보였기 때문에 군사들의 사기가 높아져서 아미르 티무르 군대는 객관적인 전력보다 더 강한 힘을 보여주었다.

가파른 계곡과 좁은 길로 인해 말과 병사들이 지나기가 힘들었다. 계곡으로 떨어지는 말과 사람들을 보면서 위대한 자연의 두려움을 느꼈지만 아미르 티무르는 델리에 가면 금은보화가 모두 우리의 것이라고 군사들을 독려하였다. 순간순간에 델리 술탄국 군대의 공격이 있었지만 어느 새 아미르 티무르 군대는 산맥을 넘어 인더스강에 도착하였다.

알렉산더 대왕과 칭기즈칸도 넘어가지 못한 인더스강을 바라보며

아미르 티무르 군대의 인도 성 함락. 샤라프 앗–딘 알리 이아지의 《자파르–나메》 세밀화 중에서,
시라즈, 1553년

아미르 티무르는 인도 원정에 나서서 인도를 패퇴시킨다. 코끼리 부대에 대한 두려움을 가졌
지만 코끼리 부대의 특성을 연구하여서 이길 수 있는 방법을 알아 낸 후 그는 인도 원정을 떠
났다. 병사들은 그가 원정을 떠나기로 마음 먹었다면 반드시 승리할 수 있기 때문이라는 것을
잘 알고 있었다. 왜냐하면 지금까지 한 번도 원정을 나가서 패한 일이 없기 때문이다.

아미르 티무르는 자신의 위대함을 천하에 알리고 싶었다. 강을 넘어 갔다. 이제 남은 것은 적을 무참하게 부수는 것이다.

고행의 길을 마친 기병들은 물 만난 고기처럼 쾌속 질주를 하며 델리 술탄국까지 거침없이 나아갔다. 중간에 만나는 도시들은 비극을 맞아야 했다. 이 가공할 군대의 침략에 대한 소문이 북인도에 퍼졌다. 공포에 질린 도시의 주민들은 차라리 자살을 선택하는 경우도 있었다. 항복하지 않으면 죽음만이 그들을 기다리고 있었다.

마침내 델리 입구에 도달하였다. 두 개의 부대도 이미 합류하였다. 당시의 델리 술탄국 지배자 마흐무드는 최후의 카드로 군사용 코끼리를 사용하기로 결심하였다. 전통적으로 인도인들은 코끼리에 갑옷을 입히고 상아 끝에 칼을 매달아 휘두르게 하였다. 그리고 등에는 몇 사람이 올라가서 활동할 수 있도록 바구니를 올려놓아 창과 활을 사용하도록 만들었다. 그러나 이미 아미르 티무르는 가상의 적을 상대로 훈련을 마쳤기 때문에 자신이 있었다. 먼저 그는 소수의 병력을 성 앞에 나가도록 하여 코끼리부대에 대한 두려움이 많은 것처럼 행동하라고 명했다. 직접적인 성 공략보다는 기병이 활동하기 쉬운 들판으로 유인하는 전술이 자신에게 유리함을 깨달았다.

당황해 하는 아미르 티무르 군대를 보면서 술탄은 공격을 명하였다. 지축을 흔드는 코끼리부대와 술탄의 기병들이 먼지를 일으키며 아미르 티무르 군대를 향해 돌진해 왔다. 그의 전술이 성공하는 순간이었다. 코끼리가 아무리 거대해도 결국 동물에 불과하다. 아무리 조련이 잘 되었다고 하더라도 코끼리에게 직접적인 타격을 가하면 적과 아군을 구분 못하는 동물로 돌아갈 것이라고 아미르 티무르는 생각하였다. 이를 위해 그는 병사들에게 손잡이가 달린 못을 박은 판자를 길에 뿌리도록 하였다. 그리고 코끼리 코를 칼로 베어 동물로 하여금 고통과 두려움을 가지도록 만들라고 훈련시켰다. 게다가 데리고 온 낙타, 야크를 통해 코끼리와 힘을 겨루게 만들어 델리 술탄국의 자랑인 코끼리 부대를 일순간에 무너뜨리고자 하였다. 코끼리는 계속되는 공격으로 혼란에 빠져 조련의 고통을 잊고 델리 술탄국 병사들에게도 갈팡질팡 큰 몸집을 움직였다. 적의 기병들과 보병들은 육중한 동물에 의해 대오가 깨졌다. 아미르 티무르는 매복시켰던 기병들에게 공격을 명하였다. 일사 분란하게 움직이는 아미르 티

인도의 델리 술탄국 원정도

무르 군대의 정예 9만 명의 기병들은 눈 깜짝할 사이에 나타나 델리 술탄국의 군대를 초토화시켰다.

1399년 초봄에 아미르 티무르는 델리로 입성하였다.

아미르 티무르는 군사들에게 델리의 모든 것을 가져가도록 명하였다. 풍족한 전리품과 함께 숙련된 건축가와 수공업자들이 사마르칸트로 보내졌다. 델리는 한 번도 보지 못한 지구상의 최강 군대 앞에 자신들의 목숨도 모자라 영혼까지 내주어야 했다. 다시 델리가 재건되는데 무려 150년이 걸렸다고 하니 당시의 델리의 모습을 상상할 수 있게 한다.

역사상 위대한 정복자들이 이루지 못한 인도의 침략과 정복은 아미르 티무르를 그들보다 앞선 정복자 반열에 올려놓았다. 사마르칸트로 돌아오는 아미르 티무르의 머릿속에는 이미 아나톨리 반도의 오스만제국이 자신 앞에 무릎을 꿇는 장면이 그려지고 있었다.

종교의 칼로 종교의 머리를 베다: 페르시아와 중동으로의 성전聖戰

아미르 티무르는 이슬람 사회의 정통성을 중요하게 생각하였다. 따라서 그는 예언자의 직계 후손들을 정중히 대접하고 존경하였다. 예언자 무함마드 이후 이슬람 사회는 선출방식으로 그의 후계자를 결정하였다. 이것이 정통 칼리파체제이다. 그러나 3대 칼리파인 오스만이 암살당하면서 복잡해진다. 그의 뒤를 이은 4대 칼리파 알리에게 오스만의 인척들이 암살 배후를 조사하도록 요구한다. 이러한 과정에서 당시 시리아의 총독이자 오스만의 6촌인 우마이야 가문의 무아위야가 알리에 도전하였다. 알리 역시 암살당하면서 혼란이 증폭되자 이 틈을 이용하여 무아위야는 칼리파체제를 무너뜨리고 이슬람의 첫 번째 왕조인 우마이야조를 창건하였다. 그는 기존의 후계자 선정방식을 선출에서 세습으로 전환시켜 정통성의 혼란을 야기하였다. 여기서 알리를 따르는 시아이슬람이 출발하게 되었다. 제2의 메카는 우마이야조의 중심인 다마스쿠스로 옮겨갔다. 그러나 이후 이 왕조에 대항하여 압바스조가 성립되면서 제3의 메카는 바그다드로 이동하였다. 이 왕조는 무함마드의 직계 후손들만이 최고지도자가 된다는 아랍민족주의적인 세습통치를 파괴하고 비아랍계 무슬림의 권리를 요구하는 종교혁명을 통해 정권을 잡았다. 이러한 과정에서 이슬람의 정통은 서서히 무너지고 있었다. 이에 대항하여 나타난 것이 바로 수피즘이다.

이슬람이 우마이야조 이후 다양한 종파로 분열되면서 종교의 본질이 너무나 정치적으로 치우쳐 그 의미가 상실되어 가면서 종교 본연의 자세를 찾자는 운동이 금욕과 수행을 중요시하는 수피즘이다. 아미르 티무르가 통치하던 당시에 중앙아시아는 수피즘의 중심지였다. 그의 아버지가 속세를 자주 떠난 이유도 금욕과 수행을 하기 위해 것이었다. 아미르 티무르의 영적인 스승들 역시 대부분 수피즘을 신봉

성전에 출전하는 아미르 티무르. 샤라프 앗-딘 알리 이아지의 《자파르-나메》 세밀화 중에서,
사마르칸트, 1629년

아미르 티무르는 이슬람교도이면서도 이슬람교도들을 단죄하였다. 왜냐하면 그들의 종교
는 타락한 이슬람이었기 때문이다. 오직 수피즘만이 진정한 이슬람이었다.

하고 있었다. 그는 여전히 혼란을 자행하고 있는 페르시아와 아랍의 이슬람 통치자들이 못마땅하였다. 그는 페르시아와 아랍 지역의 침략에 다음과 같은 정당성을 부여하였다.

이슬람의 칼로 이슬람의 머리를 베리라!

위대한 종교를 지키지 못하는 자들에게 아미르 티무르 자신은 스스로를 신의 채찍이라고 간주하였다. 그리고 그들에게 신을 대리하여 벌을 내리려고 길을 떠났다. 그 속에는 당연히 실크로드의 연결이라는 국가적 과제가 포함되어 있었다.

모골리스탄과 호레즘의 정복으로 국가의 존재를 알리기 시작한 아미르 티무르는 당시에 봉건적 체제에서 벗어나지 못하고 부족간의 소모전으로 세력이 약화된 동부 페르시아(현재의 아프가니스탄)를 공격하기로 결정하였다. 이곳은 그리스 역사학자 헤로도투스가 중앙아시아의 '빵 공장'이라고 할 만큼 부유한 곳이었으며 전통적으로 호라산으로 불렸다. 그 중심에는 '헤라트Herat'가 있었다. 알렉산더 대왕 역시 헤라트를 중요하게 여기고 이곳에 오리엔트 문화를 이식시켰다. 그러나 이 도시는 아랍에 의해 이슬람이 전파된 이후 중앙아시아로의 이슬람 확장에 전초기지 역할을 담당하였으나 칭기즈칸의 침략으로 파괴되었다.

1381년 핵폭탄과 같은 아미르 티무르 군대가 헤라트를 포위하였다.

이미 분열된 통치자들과 주민들은 이들을 막아내는 것이 불가능 한 것을 깨닫고 항복하여 자신의 도시를 살리고자 했다. 아미르 티무르 는 자신에게 투항한 이곳으로부터 엄청난 양의 전리품만을 받고 떠났다. 그러나 1382년 헤라트 주민들의 반란이 일어나면서 결국 이 도시 는 아미르 티무르 군대에 의해 초토화되고 말았다. 이러한 소문이 퍼 지면서 아미르 티무르는 이 지역의 영주들로부터 항복을 받아내고 순 조롭게 지배력을 확장시켰다. 특히 자신을 절름발이로 만들었던 세이 스탄에서 반란이 일어나자 그는 도시의 주민들을 대부분 학살하고 관 개시설을 파괴시켜 이 도시를 사막으로 바꾸어 버렸다. 아미르 티무 르는 1차적으로 현재의 아프가니스탄 전 지역인 동부 페르시아를 장 악하고 이곳의 학자들과 기술자들을 사마르칸트로 이주시켰으며 조 공을 부과하였다.

아미르 티무르의 다음 목적지는 서부 페르시아였다.

그는 1386년 아제르바이잔과 그루지아를 순차적으로 점령하고 말 머리를 서부 페르시아의 중심도시인 이스파한Isfahan으로 돌렸다. 현재 이란의 중심부에 위치하는 이 도시는 교통요충지로서 고대부터 상업 과 문명이 발달하였다. 페르시아의 속담에 '이스파한이 세계의 반'이 라고 할 만큼 이 지역은 번영을 누려왔었다. 따라서 칭기즈칸이 이곳 을 침략하였을 때 주민들은 결사 항전하여 이 도시를 지키고자 했으나 파괴당하고 말았다. 서서히 자신의 목을 조여 오는 아미르 티무르 군대가 당도하자 이스파한의 영주는 항복을 선택하였다. 그가 칭기즈칸의 화신이라는 소문이 퍼지면서 두 번

이스파한의 해골탑(러시아아의 화가 바실리 베레샤긴의 작품)

의 파괴는 막아야만 했기 때문이다. 영주는 그에게 모든 열쇠를 내 주었다. 그러나 도시의 영광을 자존심으로 살아온 이스파한의 주민들이 밤에 폭동을 일으키고 말았다. 아미르 티무르는 배신을 용서하지 않았다. 신의를 져버린 자들의 최후는 불을 보듯 명확했다. 아미르 티무르는 무참하게 그들을 도륙했다. 그의 군대는 이곳 주민 7만 명의 머리로 탑을 쌓았다. 이 사건이 바로 그 유명한 아미르 티무르의 해골탑이다. 이로 인해 아미르 티무르는 학살자라는 불명예를 역사적으로 가지게 되었다.

이후 시라즈에 도착하여 주민들의 항복을 받아낸 아미르 티무르는 그곳의 기술자들을 모두 사마르칸트로 보냈다. 그러나 아미르 티무르가 떠난 후 시라즈의 군주인 샤 만수르가 세력을 회복한 뒤 그에게 저항하다가 1393년 도시의 모든 것이 파괴되었다. 페르시아의 모든 것이 아미르 티무르의 손에 넘어왔다. 과거 페르시아의 왕조들은 중앙

아시아를 침략하여 장기간 지배했다. 그러나 몽골제국의 지배 이후 세력 다툼으로 일관하다가 과거 자신들에게 지배를 당했던 피지배인들에게 굴욕적인 파괴를 당하고 말았다.

아미르 티무르는 이제 아랍으로 갔다.

그의 앞을 가로막는 자는 없었다.

1393년 이슬람의 중심도시 중 하나이자 아랍 이슬람의 자존심인 바그다드는 아미르 티무르에게 아무런 대가 없이 성문을 열어 주었다. 이미 그곳의 성주인 술탄 아흐마드 잘라이르는 주민들을 버리고 이집트로 도망쳤기 때문이었다. 그러나 아미르 티무르가 전리품만을 챙기고 떠난 후 그는 당시에 이집트를 지배하던 맘룩조의 지원을 받아 바그다드로 돌아와서 반란을 도모하였다. 그는 자신의 이러한 행동이 앞으로 어떠한 영향을 미칠 것인지 당시에는 몰랐다. 1401년 아미르 티무르는 바그다드로 다시 돌아왔다. 저항할 수도 없었던 아흐마드 잘라이르는 다시 무책임하게 도주하고 말았으며 아미르 티무르 군대가 지나간 도시는 모스크를 제외하고는 남은 것이 없었다.

맘룩조Mamluk Sultanate(1250~1517)는 아랍 이슬람의 용병이었던 투르크 노예들을 중심으로 세워진 국가로 이집트와 아랍 일대를 지배하고 있었다. 아미르 티무르 당대의 맘룩조 지배자인 술탄 파라즈Faraji는 아미르 티무르의 아랍 지배권을 인정하지 않았다. 그리고 아미르 티무르 역시 아흐마드 잘라이르를 도피시키고 지원한 맘룩조를 그냥 두지

이스파한에서 전쟁을 하고 있는 아미르 티무르. 샤라프 앗-딘 알리 이아지의 《자파르-나메》 세밀화 중에서. 사마르칸트. 1629년

이스파한 전투는 그의 잔인함을 가장 잘 보여주는 전투였다. 아미르 티무르는 아직까지 알려지지 않은 자신의 이름과 능력을 세상에 알리고 싶어했던 것이다.

않았다. 아미르 티무르는 1400년 알레포Aleppo(현재의 시리아에 위치한 도시)를 공격하여 맘룩조에 대한 자신의 마음을 보여주었다. 도시가 함락되는데 1시간이 채 걸리지 않았다. 특히 알레포 전투에서 아미르 티무르는 포를 적극적으로 활용하여 엄청난 파괴력을 보여주었다.

그럼에도 불구하고 겁 없는 술탄 파라즈는 다마스쿠스에서 아미르 티무르를 기다렸다. 그러나 그는 이집트로 도망치고 말았다. 아미르 티무르에 의한 다마스쿠스의 침략과 지배는 이슬람사회와 유럽에도 충격이었다. 14세기 다마스쿠스는 유럽과 아시아를 잇는 상업의 중심지였으며 특히 이탈리아 상인들은 이곳에 자신들의 지점을 상주시켜 무역을 수행하였다. 그러나 도시의 기능이 마비되어 장기간 교역이 불가능하게 되었다.

아미르 티무르는 여기서 이슬람의 당대 최고의 석학으로 인정받았던 역사학자인 이븐 할둔Ibn Haldun을 만났다. 당대 최고의 모스크였으나 그에 의해 파괴된 우마이드 모스크 앞에서 두 인물은 마주 앉았다. 실제로 이븐 할둔은 파라즈를 동행하여 이집트에서 다마스쿠스로 왔다. 그는 파라즈가 도망가자 아미르 티무르 진영으로 직접 찾아가서 그를 알현하였다. 익히 그의 명성을 듣고 있었던 아미르 티무르는 그를 정중히 대접하며 35일 동안 대화를 나누었다. 아미르 티무르는 이처럼 다마스쿠스와 바그다드에서 이슬람 학자들과 이슬람의 본질이 무엇이고 지금의 이슬람이 제대로 가고 있는지 신랄하게 질문을 퍼부

1. 바그다드 공격
2. 아미르 티무르와 이븐 할둔(렘브란트
   의 스케치, 루브르박물관 소장)

으면서 난상토론을 즐겼다고 한다.

아미르 티무르는 다마스쿠스의 모든 것을 사마르칸트로 옮겨갔다.
모든 직종의 기술자들은 물론이고 다마스쿠스가 자랑하던 돔 양식의
모스크를 머릿속에 새겨서 떠났다.

아미르 티무르의 페르시아와 아랍 원정은 당대의 판도를 바꾸는 획
기적인 사건이었다.

첫째, 종교 중심지의 이동.

페르시아와 아랍의 이슬람 문명은 아미르 티무르에 의해 초토화되

었다. 그리고 그는 그곳의 문명을 사마르칸트로 옮겨왔다. 문명을 만든 사람들은 지위의 귀천을 막론하고 사마르칸트로 떠나야만 했다. 아미르 티무르는 제4의 메카를 사마르칸트에 만들었다.

둘째, 페르시아의 확실한 복속.

아미르 티무르는 현재의 아프가니스탄과 이란 동부를 장악하면서 자신의 통치 지역인 중앙아시아와 연결시켜 그의 영토에 편입시켰다. 그의 뒤를 이어 정권을 차지한 샤흐 루흐는 헤라트를 중심으로 통치하였다.

셋째, 무역 중심지의 이동.

중세 아랍 지역의 최대 무역도시인 다마스쿠스가 잿더미로 변하면서 유럽은 사마르칸트를 찾아야만 했다. 아미르 티무르가 떠난 후 잿더미가 된 다마스쿠스에는 9개월 동안 연기가 피어올랐다. 설상가상 메뚜기 떼가 그나마 남아 있는 모든 것을 먹어치워 버렸다. 지중해에서 사마르칸트로 이어지는 실크로드가 부활하기 시작하였다.

넷째, 국제질서의 재편.

이집트를 중심으로 세력을 확장하던 맘룩조는 아랍으로 들어가지 못했다. 따라서 당대의 국제질서는 아미르 티무르의 중앙아시아와 오스만제국 양강 구도로 정리되었다.

유럽을 아시아에 붙이다: 오스만제국 원정

이제 오스만제국만이 남았다.

아미르 티무르는 오스만제국의 반응을 살피기 위해 중동으로 재차 원정을 떠나기로 결심했다.

휴식 없는 원정, 긴장된 전쟁으로부터 피곤해진 그리고 무수한 전리품으로 배가 부른 군대는 자신의 지난날 전투의 심각성을 잊어버리기 때문에 지난 1년 정도의 휴식이 군사들에게 적당하였다. 어느 때보다 사기가 높은 군사들은 그를 따라 나섰다.

여름에 시리아로 원정을 떠났다. 먼저 알레포와 베이루트를 재점령하고, 1401년 초에 한 달 동안의 전쟁으로 다마스쿠스도 재함락시켰다. 아미르 티무르는 군대에 약간의 휴식을 주기 위해 코라보그로 돌아갔다. 그의 이러한 중동 재차 원정에 대해 오스만제국은 침묵으로 일관했다.

당시의 오스만제국은 '벼락'이라는 별명을 가진 술탄 보야지드에 의해 통치되고 있었다. 그의 용맹함과 전술은 이미 서유럽 사회에 알려져 기독교 세계의 악마로 통하였다. 특히 1396년 10만 명으로 구성된 서유럽의 십자군이 이교도를 물리치기 위해 보야지드의 오스만제국 군대와 일전을 벌였으나 패배하고 말았다. 오히려 그는 군대를 이끌고 헝가리까지 진출하여 발칸반도를 지배하였다. 보야지드는 이 여세를 몰아 동방정교회의 중심인 비잔티움의 콘스탄티노플 함락을 눈앞에 두고 있었다. 오스만제국은 이러한 상황에 있었기 때문에 아미르 티무르의 중동 재차원정에 관심을 돌릴 수 없었다. 오히려 그는 아미르 티무르에게 자신의 군대와 그의 군대가 연합하여 유럽을 함락하자는 제안서를 보냈다. 이 제안에 대해 아미르 티무르는 거절을 표하였으며 오스만제국의 은신처에 숨어 있는 투르크멘 봉기지도자 오쿠윤리와 코라쿠윤리 종족의 지도자를 그에게 넘길 것을 요구하였다. 이후 보야지드는 아미르 티무르를 냉정하게 대하였으며 본격적으로 그와의 전쟁을 준비하려고 서둘렀다.

오스만제국의 가공할만한 군사력의 중심에는 비밀병기 '에니체리'가 있었다.

오스만제국이 발칸반도를 지배하면서 그곳에서 출생한 슬라브계 아이들을 데려다 조련시킨 이슬람전사들이 그들이다. 부모와 생이별을 시켜 맹수를 훈련시키듯 살인무기로 무장된 이들 앞에 거칠 것이 없었다. 투르크 기마병과 에니체리 보병의 조합은 오스만제국을 신흥군사강국으로 부상시킨 원동력이었다. 에니체리는 항상 검은 옷을 입었기 때문에 그들의 모습은 마치 저승사자와 같았다.

아미르 티무르는 정세를 분석하고 심리전으로 오스만제국을 전쟁터로 불러들이기로 하였다. 그는 자신은 코끼리이며 보야지드는 개미라고 조롱하면서 이제까지 아무도 자기를 이기지 못했다고 돌려서 의미를 전달하였다. 이에 굴욕을 느낀 보야지드는 다음과 같은 답장을 보냈다.

"게걸스럽게 먹이를 찾아 돌아다니는 아미르 티무르라는 개여
들어라! 우리는 오래 전부터 너희들과 전쟁을 벌이고 싶었다. 이
제 우리가 너희를 무찌르기 위해 진군하기로 결의했으니, 우리의
열망이 이루어지게 해주신 알라신과 예언자 무함마드에게 감사 드
리는 바이다. 만약 너희가 우리와 맞서 싸우러 나오기를 거부한다
면 우리는 너희를 찾아 추적할 것이다"

아미르 티무르는 곧 전쟁이 일어날 것임을 예감했다. 심리전에서
이미 보야지드는 흥분된 모습을 보였다.

당시 오스만제국의 위협에 노출된 서유럽국가들은 보야지드에게
대항하여 아미르 티무르 군대와 연합전을 벌이자는 제안이 설득력
을 얻고 있었다. 급기야 1401년 8월에 콘스탄티노플의 임시 지배자
인 이오안 7세는 코라보그에서 휴식을 취하고 있는 아미르 티무르
에게 도미니칸 수도승 프란시스와 알렉산드르를 대사로 파견했다.
그는 아미르 티무르에게 비잔티움의 황제 마뉴엘 3세와 교황 이오
안 7세가 아미르 티무르 군대와 연합하여 보야지드를 물리칠 것을
원한다는 서신을 전해주었다. 베네치야는 만약 아미르 티무르가 보

야지드에 대항해 연합을 한다면 해군을 지원하겠다고 약속했다.

그러나 아미르 티무르는 유럽 측의 제안을 모두 거절하였다. 자신의 목표는 오로지 오스만제국을 단독으로 공격하여 이기는 것뿐이었다. 두 영웅의 전투에 외부세력이 참여하는 것을 아미르 티무르는 원하지 않았다. 따라서 유럽대륙은 위기의 순간에 아미르 티무르가 자신들을 대신해 적을 물리쳐 주기를 기원하는 것 외에는 다른 방법이 없었다.

유럽대륙을 경악하게 만들고 있는 신흥국가인 오스만제국과 유라시아의 절반을 차지한 신흥국가 아미르 티무르 제국과의 역사적인 전쟁이 현재의 튀르키예 수도 앙카라에서 준비되고 있었다. 중세사 최강의 군대를 자랑하는 양측의 전쟁은 한치 앞도 예상할 수 없었다. 다만 그 결과로 인해 유라시아의 패권은 한 사람에게만 돌아간다는 것을 알 수 있었다.

대략 25만 명으로 구성된 양측의 군대는 수적으로 유사하였다.

그러나 보야지드는 살인무기 집단인 에니체리 보병을 앞세워 기세를 제압하려고 하였으며 그 뒤를 투르크 기마병들이 날쌘 동작으로 기다리고 있었다. 아미르 티무르 군대는 충분한 휴식을 취했기 때문에 사기가 높았다. 반대로 오스만제국은 앙카라로 오는 여정에 피곤해 있었다. 이 역사적인 전투에서 아미르 티무르의 위대한 지

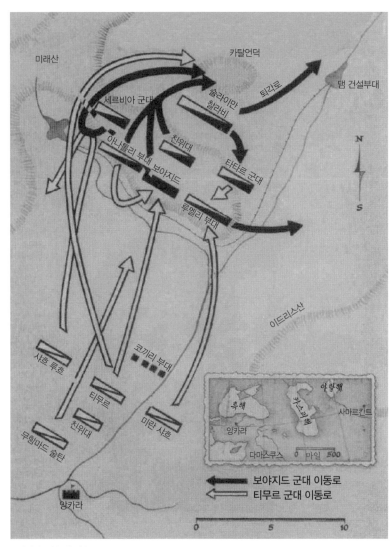

미래산

카탈언덕

댐 건설부대

세르비아 군대

술라이만 칠라비

퇴각로

친위대

아나톨리 부대 보야지드

타타르 군대

루멜리 부대

이드리스산

N

S

코끼리 부대

사흐 루흐

티무르

친위대

미란 샤흐

무함마드 술탄

앙카라

	아랄해
흑해	카스피해	사마르칸트
앙카라		
다마스쿠스	0 마일 500	

← 보야지드 군대 이동로
← 티무르 군대 이동로

0　　　　5　　　10

앙카라 전투의 전술도

휘능력과 재능의 모든 면이 나타났다.

25만 명으로 구성된 티무르군대의 오른쪽 날개는 그의 아들 미란 샤흐, 왼쪽 날개에는 손자인 술탄 후사인, 할릴 술탄과 더불어 막내아들인 샤흐 루흐가 지휘를 했다. 사마르칸트에서 도착한 새로운 전투 부대로 구성된 군대의 중앙을 아미르 티무르의 사랑스러운 손자이자 후계자인 무함마드 술탄이 지휘했다. 중앙과 날개 후방에는 아미르 티무르와 친위대가 위치하고 있었으며, 그들은 전쟁 상황을 쉴 새 없이 괴롭히는 경우에 적에게 예고 없이 타격을 가할 준비를 하고 있었다. 게다가 인도에서 가져온 코끼리 부대가 비밀병기로 숨어 있었다.

보야지드는 군대의 오른쪽 날개에 처남인 세르비아인 공작 라자레비츠가 지휘를 하도록 하였다. 마케도니아인 병사로 구성된 군대의 왼쪽 날개는 보야지드의 아들 술라이만 찰라비가 지휘를 하였다. 오스만제국의 자랑인 오천 명의 에니체리 보병과 기마병으로 구성된 중앙은 보야지드와 그의 아들들인 무소, 이소 그리고 무스타파가 지휘를 하였다.

드디어 1402년 7월 28일 앙카라에서 유라시아의 패권을 차지하기 위한 중세 역사상 최대의 전쟁이 시작되었다.

아미르 티무르는 전쟁의 승리를 위해 지형의 활용을 추가시켰다.

그는 오스만제국의 군대를 앙카라 북동부 주북 평야로 유인하였다. 이미 이성을 잃은 보야지드는 자신의 성에서 유리하게 적을 맞이하지

아미르 티무르와 보야지드

않고 아미르 티무르 군대를 무찌르기 위해 원정을 떠나는 조급함을 보였다. 아미르 티무르의 심리전이 이미 그를 이긴 것이다.

주북 평야에서 아미르 티무르 군대는 평야를 가로지르는 주북카이강의 상류에 먼저 진을 치고 있었으며 보야지드 군대는 강의 하류에 포진하였다. 아미르 티무르는 주북카이강이 앙카라 주변의 주요 수자원임을 파악하였다. 7월말에서 8월로 이어지는 무더위는 물을 필요로 하였다. 앙카라 지역의 기후는 반건조하기 때문에 더욱 물이 필요했다. 충분한 물의 공급 없이는 전쟁 수행이 불가능했다. 아미르 티무르는 기술자 100명, 32마리의 코끼리, 수만 명을 동원하여 신속하게 상류에 댐을 건설하여 저수지를 만들고 하류에 물줄기를 차단시켰다. 물의 공급이 차단된 보야지드 군대는 당황하였다.

그리고 그런 상황에서 전쟁은 시작되었다.

밀리고 밀리는 접전이 계속되었다. 점차 갈증을 참지 못하는 보야지드 군대의 사기는 떨어졌으며 급기야 처음 눈앞에 나타나는 아미르 티무르 군대의 숨겨둔 비밀무기 코끼리군대의 출현으로 오스만제국의 군사들은 당황했다. 이를 타파할 전술을 준비하지 못했기 때문에 시간이 지날수록 아미르 티무르 군대가 유리한 국면을 차지하였다. 결정적인 순간에 보야지드 군대의 아나톨리 분대가 아미르 티무르쪽으로 넘어갔다. 기록에 따르면, 일부의 오스만제국 군대가 전의를 상실하여 항복하였다고 한다. 결국 술탄 보야지드의 위대한 오스만제국 군대는 완전히 파괴되었고 말에서 넘어진 보야지드를 아미르 티무르 군대의 병사들이 체포하여 전쟁은 끝나고 말았다.

보야지드는 아미르 티무르 앞으로 끌려갔다.

동시에 그의 부인인 세르비아인 올리베라, 아들들인 미소와 이소 그리고 찰라비도 포로가 되었다. 전 세계가 지켜본 앙카라 전투에서 아미르 티무르가 승리를 거두었다는 소식이 전해지면서 소아시아와 지중해 동쪽연안에 위치한 이즈미르도 항복하였다. 그 후 에게해에 위치한 히오스와 레스보스 섬에 있는 게누야 영지도 아미르 티무르의

철장에 갇힌 보야지드

무함마드 술탄이 아미르 티무르에게 포로로 잡힌 보야지드를 끌고 옴. 샤라프 앗-딘 알리 이아지의《자파르-나메》세밀화 중에서, 시라즈, 1553년

보야지드와의 전투에서의 아미르 티무르의 승리는 유럽의 명운을 연장시켜주었다. 그리고 유럽 세계로 다시 선진 동양 문명을 전달하는 계기가 되었다. 하지만 오스만제국은 아미르 티무르 사후 다시 일어났고 동양으로 갈 수 있는 통로가 막히게 되었다. 유럽은 동양과의 소통을 위해서 바다로 향하게 된다.

전투에서의 승리를 축하하는 아미르 티무르. 마울란 압둘 하티피의 《자파르-나메》
세밀화 중에서, 미메긴니흐르, 1560년

아미르 티무르는 승리를 하면 병사들과 함께 자축 파티를 반드시 열었다. 병사
들의 노고를 치하하고 병사들에게 그들에게 맞는 포상을 했으며, 충분한 휴식
을 취할 수 있도록 하였다. 그리고 다음 전투를 위한 마음 가짐도 다짐시켰다.

지배를 받아들였다.

보야지드로부터 거둔 위대한 승리와 함께 프랑스의 왕 칼 6세, 영국의 왕 헨리 4세 그리고 비잔티움이 아미르 티무르에게 축서를 보냈다. 유럽을 위협하였던 오스만제국에게 타격을 가한 아미르 티무르에게 기사회생한 전 유럽이 감사의 뜻을 전했던 것이다.

그러나 아미르 티무르는 오스만제국을 전체적으로 없애버리고 싶지 않았다. 처음에는 실크로드의 소통과 지배를 위해 마지막 걸림돌인 오스만제국을 없애려고 하였으나 그것이 이익이 되지 않음을 깨달았다. 원정의 결과와 당시의 상황으로 볼 때 실크로드의 소통만 가능하다면 유럽을 군사적으로 위협하는 것도 나쁘지 않다는 결론을 내렸다.

아미르 티무르는 숙원이었던 실크로드의 부활을 완수하게 되었다.

그는 유럽의 왕들에게 통상권유의 제안서를 보냈다. 바야흐로 유럽과 아시아가 연결되는 순간이었다.

마지막 남은 꿈을 찾아서 명明을 향하다

자신의 조상들이자 위대한 몽골제국의 후예들이 이룩한 원이 1368년 마침내 한족인 주원장에 의해 멸망하였으며 그 자리에 명이 건국되어 어언 30년이 지나 신흥강국으로 부상하고 있었다. 아미르 티무르는 유라시아 서부지역을 통일하고자 계획을 세웠기 때문에 명의 부상에 대해 잊고 있었다. 만약에 원이 존속하고 있었더라면 나이를 감안하여 우선 외교적으로 실크로드의 완전한 소통을 달성하려고 하였지만 명이 건국되고 몽골인들이 처참하게 몽골초원으로 돌아가는 모습을 지켜보면서 가슴에 한을 느꼈다.

아미르 티무르는 알라신의 뜻을 알고 싶었다.

양탄자를 깔고 기도에 들어갔다. 언제나 자신의 승리를 지켜주었던 신에게 예배를 올렸다. 아미르 티무르는 마침내 최후의 성전을 준비하고자 결심했다. 실제로 그는 중국 원정을 위해 몇 차례 확실한 준비를 했다. 원정을 위한 필요한 정보들을 계속적으로 중국으로 파견된 무역상들을 통해 수집하였다.

당시 명의 황제인 영락제永樂帝는 아미르 티무르를 두려워하고 있었다. 그는 중국변방의 내륙아시아 전선에 관심을 가졌으며 기마병에 필요한 말을 얻고자 시도했다. 이러한 움직임은 아미르 티무르의 공격을 예상하면서 단행한 것이었다. 그는 아미르 티무르에게 사신을 보냈으나 아미르 티무르는 분노하여 사신을 감옥에 넣었다. 이에 대해 영락제는 어떠한 반응도 보이지 못했다.

영락제는 자신의 의도에 대해 아미르 티무르가 반감을 가지고 있음을 파악하고는 1405년 정화鄭和로 하여금 대항해 원정을 지시하였다. 이 원정이 가지는 첫 번째 목적은 아미르 티무르로부터의 공격에 직면한 중국을 고립으로부터 탈피시키는 것이었다.

이러한 당시의 상황에 대해서 흥미로운 예상이 베를린자유대학의 어윈 헤벨레 보르Erwin Heberle-Bors 교수의 에세이 『1405년: 무시된 기념일』에서 제시되었다. 그는 아미르 티무르와 명의 군대가 전쟁을 했다면 아마도 최초의 세계대전이 되었을 것이라고 추측하면서 당시의 상황으로 볼 때 아미르 티무르 군대가 전쟁의 승자가 되어 북경을 정복했을 것이라고 주장하였다.

1404년이 기울어가고 있는 사마르칸트의 광장 앞에 위대한 아미르 티무르 군대 20만은 정복자의 명령을 기다리고 있었다. 아미르 티무르는 첫 거점인 현재의 카자흐스탄 남동쪽에 위치하고 있는 오트라르로 진격을 명하였다. 현재까지의 상황으로 보면 분명한 승리가 예상되었기 때문에 군대의 사기는 높았다. 그 역시 지친 노구를 이끌고 말에 올라탔다. 그의 나이 이미 68세였다.

그러나 그는 칭기즈칸의 위대한 업적을 완전히 달성할 수 있는 확신이 섰다.

군대의 오른쪽 날개에 미란 샤흐의 아들 할릴 술탄, 우마르 샤이흐의 아들 아흐메드가 지휘 했다. 아미르 티무르의 손자 술탄 후사인은 군대의 왼쪽날개를 맡았다. 아미르 티무르는 군대의 중앙을 지휘하였다. 12월 25일 그는 오트라르 북쪽으로 움직였다.

해가 바뀌었다. 새해의 겨울은 유난히 추웠다.

1405년 1월 4일 아미르 티무르의 군대는 시르다리야강을 건넜다.

추위가 심해서 병사의 대부분이 귀와 코, 손과 발이 얼었다. 많은 병사와 일부 지휘관들이 추위로 얼어 죽었다. 아미르 티무르는 이에 굴하지 않고 군대를 독려하였다.

1월 14일 첫 거점인 오트라르에 도착하였다.

그런데 아미르 티무르는 감기가 들어 심하게 앓기 시작했다. 그의 병세가 악화되었다. 오트라르의 시의侍醫인 '마블로노 파이줄로흐'는 아미르 티무르의 상태가 비관적이라고 전했다. 아미르 티무르 역시 임종을 맞을 준비를 하였다.

기록에 의하면 아미르 티무르는 숨을 거두기 전에 동반자의 후손들과 전우인 재상들 사이에 단합과 우애를 부탁하였으며 후계자로 지목한 자신의 손자 '삐르 무함마드'에게 충성할 것을 유언했다.

1405년 2월 18일 밤에 아미르 티무르는 위대한 생을 마감했다.

아미르 티무르의 시신은 그의 유언에 따라 출생지인 케쉬로 옮겨졌다. 그러나 고향으로 가는 길에 눈이 엄청나게 쌓여 도저히 그곳으로 갈 수 없었다. 재상들과 유족들은 긴급회의를 열고 그의 시신을 사마르칸트로 옮기기로 결정했다. 실크로드 최대의 도시인 이곳에서 자신에게 충성어린 자문을 해 주었던 영적인 지도자 사이드 바라카를 위해 지었던 호화로운 묘지에 스승과 함께 묻혔다.

아미르 티무르 35년 통치기간이 막을 내리는 순간이었다.

오트라르가 어떤 곳인가!

칭기즈칸이 몽골초원을 통일하고 당시 중앙아시아의 지배자 호레즘 샤에 사신을 보냈을 때, 몽골제국에게 치욕을 안겼던 장소가 오트라르였다. 몽골사신들은 이 지방의 관리 이날축에 의해 죽임을 당하였으며 한 명은 수염이 깎인 채 돌아왔다. 항의사절단에게 마찬가지의 모욕을 보였던 호레즘 샤에 대해 칭기즈칸은 하늘에 맹세를 하였다. 저 무례한 호레즘 샤를 처단하겠다고! 칭기즈칸 역시 과거의 유목제국과 동일하게 중국 본토의 공략에 우선순위를 두었다. 실제로 중국대륙의 통일은 그렇게 쉽지 않았기 때문에 장기간의 시간을 필요로 하였다. 따라서 천산산맥을 넘어서까지 진출할 여유가 없었다. 그러나 칭기즈칸에게 오트라르의 치욕은 유라시아의 서부를 바라보는 기회를 제공하였다. 푸른군대는 중국공략을 멈추고 미지의 야만인들이 사는 중앙아시아로 진격하였다. 오트라르는 초토화되었다. 그리고 호레즘 샤의 왕인 '쿠틉 알딘 무함마드'를 추격하였다. 칭기즈칸과 몽골군대는 이 과정에서 중앙아시아의 중요성을 파악할 수 있었으며 나아가 중동과 러시아를 일격에 공격하여 유라시아 서부를 경험하게 되었다. 이는 바로 역사상 전무후무한 기록인 유라시아의 통일을 달성하는데 기폭제가 되었다. 결과적으로 칭기즈칸에게 오트라르는 세계정복의 단서를 제공한 곳이었다. 반대로 아미르 티무르에게 이 도시는 세계정복의 막을 내리는 곳이었다. 이러한 기막힌 운명은 두 영웅을 천상에서 만나게 하였다.

아미르 티무르의 장례식. 샤라프 앗-딘 알리 이아지의《자파르-나메》세밀화 중에서, 시라즈, 1553년

이렇게 또 한 명의 영웅이 69살의 일기를 마치고 세상을 떠나게 되었다. 그는 외부 세계와 단절되어 있는 닫힌 중앙아시아를 열고 세계와 소통시켰다.

비록 세계는 또 하나의 전쟁사에 빛날 위대한 아미르 티무르의 원정을 볼 수 없게 되었지만, 희대의 영웅 아미르 티무르가 인도에서 홍해까지 그리고 아랄해에서 페르시아만까지 이르는 대제국을 건설한 그동안의 업적에 감동하기에 충분하였다. 이외에도 아시아 남서지역-소아시아, 시리아, 미스르(이집트의 카이로를 가리키는 아랍어) 그리고 서쪽의 볼가강 하류, 돈강 유역 북동쪽의 발하시와 일강유역 남동쪽의 북인도를 복종시키는데 성공했다. 무엇보다도 아미르 티무르의 위대함은 사라져가는 유럽과 서아시아 국가들을 극동과 연결시켜주는 국제무역로인 실크로드를 부활시켜 유라시아의 새로운 번영을 만들어 냈다는데 있었다.

인류 역사상 위대한 두 영웅은 비록 사라졌지만 그 후 어느 누구도 그들을 넘어서지 못했다. 아미르 티무르는 칭기즈칸이 보낸 인류최후의 정복자이자 대륙인이었다.

6. 세계사가 지워버린 위대한 인물

이상한 역사의 평가와 잣대

세계사는 철저하게 인류의 역사 속에서 아미르 티무르를 지워버렸다.

칭기즈칸은 서양 사회에서 지난 1000년을 빛낸 인물로 선정되는 등 그의 위대함이 재평가를 받고 있지만 아미르 티무르의 존재는 그의 생애로 끝났다.

그가 후대에 남긴 엄청난 영향은 제대로 평가 받지 못하고 있다.

단지 아미르 티무르는 역사학자들 사이에 인류 역사상 가장 잔인한 학살자로 평가 받고 있다. 정복에 필연적으로 따라오는 학살은 알렉산더 대왕, 칭기즈칸, 나폴레옹, 히틀러 등에게서도 찾을 수 있으며 무엇보다 유럽의 아프리카와 남미 정복사에 나타난 원주민의 학살은 천인공노할 행위였다. 왜 아미르 티무르를 학살자로만 규정하는 것인가? 정말 이상한 평가임에는 틀림없다.

저명한 역사학자인 토인비는 아미르 티무르의 생애를 무익하고 파괴적인 원정으로 일관되었다고 평가하였다. 그의 다른 업적과 영향력은 언급조차 없다.

혹자는 아미르 티무르가 원정의 명분을 이교도의 응징인 성전聖戰에 두고 있기 때문에 그 만큼의 사람을 학살했다고 분석하고 있다. 그러나 그의 적은 대부분 무슬림이었다.

또 다른 분석에는 '정복욕'이 바탕이 되었기 때문이라고도 하며 칭기 즈칸과 같이 군사적 전술의 방편으로 '시범케이스의 학살'이라고도 주장한다.

아미르 티무르는 성을 공격할 때 깃발의 색깔을 제시하는 고도의 심리 전술을 사용하였고 앞에서 언급하였다. 불행히도 그의 적들은 대부분 검은 깃발을 선호하였다. 그렇다면 왜 그들은 이러한 선택을 하였는가?

이유는 아미르 티무르의 원정을 초기와 후기로 나누어서 분석해야 한다.

앞에서 아미르 티무르와 그의 백성들은 버림받은 자들이라고 정의했다.

신생약소국으로 탄생한 아미르 티무르 국가는 당대의 국제사회에서 오합지졸로 평가받았다. 중앙아시아에서 국가가 출현한 이후 한 번도 이곳의 주민 스스로 만든 국가가 없었기 때문에 주변의 국가들은 아미르 티무르 국가의 존재 자체를 인정하지 않았다. 곧 다른 국가에 의해 지배될 것이라고 판단하였다. 따라서 아미르 티무르의 군대가 출현하면 적들은 대부분 항복을 하지 않고 언제나 전쟁을 원하였다.

실제로 아미르 티무르는 러시아, 인도, 오스만제국 원정에서는 민간인을 학살하지 않았다. 공식적인 전쟁에서 적군에게 인명피해를 입혔으며 가급적 주민들을 노예로 거느리기 위해 살려두었다. 주로 민간인 학살이 자행된 곳은 페르시아와 아랍 지역이었다. 이곳에서 지도자의 배신과 주민들의 폭동이 주로 일어났는데, 그 이유는 앞에서 제시한 것처럼 이들이 같은 무슬림이고 동포인 아미르 티무르와 그의 병사들을 무시했기 때문이었다.

사라진 역사의 다리

아미르 티무르의 존재를 부정한다면 중세의 세계사는 설명될 수 없다.

그를 단순히 침략자, 학살자, 정복자로 덮어버린다면 세계사는 큰 구멍을 가질 것이며 연결고리를 찾을 수 없을 것이다.

중세에 존재한 아미르 티무르 이전과 이후의 시대를 살펴봄으로써 그의 가치를 살펴보자.

먼저 그의 출생 이전에 세계는 '낙후된 유럽과 혼란의 선진 아시아'로 정리될 수 있다.

11세기 십자군 전쟁의 여파는 유럽대륙에 권력 구도를 변화시켰다. 절대 권력의 교황권에 국왕들이 도전하기 시작하였다. 이러한 상황에서 대륙은 전쟁에 휩싸였다. 각국이 패권을 차지하기 위해 정리되지 못한 영토문제, 상속권 등으로 소모전을 하고 있었다. 그 정점에 백년전쟁(1337~1453)이 있었다. 전반적으로 서유럽은 중세의 후진성을 면치 못하고 있었다. 반면에 아시아는 중국의 첨단기술과 이슬람의 과학발전을 통해 유럽을 앞서고 있었다.

이슬람 사회가 철학, 의학, 과학을 발전시킨 것은 종교적 역할을 수행하려는 신자들에게 도움을 주기 위함이었다.

다음과 같은 일화가 전해지고 있다.

이슬람 압바스 왕조의 대 칼리파인 '알 마문(786~833)'이 꿈에서 아리스토텔레스를 만났다. 그는 고대 그리스의 위대한 학자로부터 많은 것을 듣고 깨달았다. 꿈에서 깨어난 그는 즉시 고대 그리스의 철학을 연구하도록 명을 내리고 연구기관을 설립하였다.

이후 아랍 이슬람 사회는 고대 그리스의 철학뿐만 아니라 과학 분야에도 관심을 가지고 연구하였다. 특히 과학은 이슬람이라는 종교에 매우 필요하였다. 예를 들면, 하루 5번 예배 드리는 시간을 정확하게 맞추기 위해서 천문학 등 과학기술을 활용하였다. 이러한 이유로 이슬람 사회는 과학을 숭배하고 발전시켜 나갔으며 8~10세기는 이슬람 과학의 부흥기였다.

유럽은 기독교 세계관으로 인해 정상적인 과학 발전이 이루어지지 못했다. 그러나 11세기 십자군 전쟁 이후부터 아랍과 충돌하면서 이슬람 사회의 발전된 과학을 접하게 되었다. 유럽인들은 아랍인들이 가지는 과학의 원천 기술이 고대 그리스에서 출발한다는 것을 알았으며 그것을 유럽 르네상스의 토대로 인식하였다. 놀라운 것은 고대 그리스의 과학적 업적들이 아랍어로 복원되었다는 것이었다. 일찍이 아랍의 학자들이 고대 그리스 학자들의 명저를 아랍어로 번역해두어 축적하였기 때문이다.

결과적으로 중세 유럽의 르네상스는 이슬람의 과학과 밀접한 관련을 가지고 있으며, 칭기즈칸의 몽골제국 이후 들어온 중국의 과학기술이 첨가되었기 때문에 발전할 수 있었다. 실제로 몽골제국의 통치하에 유라시아대륙은 과학 발전의 침체기였다. 그들이 대륙을 지배하기 이전에 과학적 성과가 높았으며, 그들이 대륙을 떠난 이후에 다시 과학이 부흥하였다. 특히 중앙아시아의 사마르칸트, 부하라, 호레즘은 중세 이슬람 과학의 메카였다. 호레즘 출신으로 대수학을 완성한 알 호라즈미Al-Khorezmi(780~850), 시그마 공식을 체계화시킨 철학자이자 과학자인 알 비루니Abu Rayhan Biruni(973~1048), 부하라 출신으로 서양의학의 토대를 만들어 낸 이븐 시나Ibn Sina(980~1037), 아미르 티무르의 손자로 중세의 위대한 천문학자이자 수학자로 유럽 과학계에 이름을 떨쳤으며, 사마르칸트에 높이 50m의 세계 최대 천문대를 건설한 울루그 벡Ulugh Beg(1394~449) 등이 대표적이다. 실제로 이슬람 과학을 발전시킨 세계적인 학자들은 몽골제국의 지배시기 전후에 나타난다. 아미르 티무르는 이 지역이 가지는 위대한 과학적 업적을 계승 발전시키기 위해서 동시대의 학자들에게 전폭적인 지원을 했으며, 결국 그의 사후 자신의 제국은 세계적인 과학의 메카로 성장하였다.

아미르 티무르 자신도 문화와 과학에 관심을 가지고 있었다.

유목기병이 세계사에서 사라진 것은 총의 발명에서 비롯된다.

총의 발명은 1354년 독일의 수도승인 베르트롤드 슈바르츠가 대포의 원리를 활용하여 발명하면서부터 시작되었다. 이후 수 차례의 개량을 통해 화승총 형태의 소총이 1500년경에 독일을 비롯한 유럽 지역에 나타났다고 한다. 1389년 오스만제국이 코소보에서 전쟁을 할 때 화승총이 무기로 사용되었다. 대포와 다른 이 첨단의 무기는 아미르 티무르시대에 본격적으로 활용되지는 않았지만 서유럽 사회가 유라시아를 지배하는 원천기술이 되었던 것은 분명하다. 아미르 티무르는 인도원정에서 화승총을 실험하였다. 그의 원정을 묘사한 인도의 한 화가의 그림에서 아미르 티무르가 총을 들고 있는 장면이 나온다. 실제로 아미르 티무르가 화승총을 어떻게 사용하였는지 알려진 내용은 찾을 수 없다. 그러나 정복한 지역에서 가져온 새로운 기술과 제품에 대해서 그는 항상 호기심을 가지고 있었다. 아미르 티무르의 이러한 성품은 1401년 다마스쿠스 외곽에서 그를 알현한 이븐 할둔에 의해서 전해진다.

> "이 티무르왕은 가장 위대하고 현명한 왕들 중 한 명이다…… 그는 매우 현명하고 통찰력이 있다. 그가 아는 것과 모르는 것에 대해 토론을 즐겼다."

실제로 티무르제국의 마지막 후손인 보부르Zahiriddin Muhammad Bobur(1483~1530)는 아미르 티무르가 실험한 화승총을 완성시켜 북인도를 침략하여 무굴 제국을 세울 수 있었다.

14세기는 유럽과 아시아의 세력 판도를 전환하는 중요한 시점이

1. 사냥에서 화승총을 사용하는 아미르 티무르
2. 화승총을 쏘는 아미르 티무르의 병사

었다.

포스트몽골제국은 유럽과 아시아 두 대륙에 동일한 기회를 제공하였다. 누가 패권을 장악하느냐! 아미르 티무르는 죽어가는 유라시아 대륙을 극적으로 구하였다. 그는 몰락하는 아시아의 과학과 학문을 부활시켰다. 사마르칸트에 모든 첨단의 과학을 모아서 아시아의 우수한 과학기술을 부활시킨 것이다. 그리고 유럽은 그 혜택을 받은 것이다. 아미르 티무르 사후 유럽은 자신에게 전달된 아시아의 원천기술을 응용하기 시작했으며, 이후 르네상스 시대를 맞이하였다.

아미르 티무르가 세운 티무르제국은 단명에 끝났다. 그러나 그가 남긴 영향력은 아시아가 아닌 유럽에서 다시금 부활하였다. 그의 사후 세계는 '몰락하는 유라시아와 신흥 선진강국 유럽'으로 정리된다. 오스만제국은 아미르 티무르의 전략을 반대로 수행하였다. 부활시킨 실크로드를 다시 죽여버렸다. 실크로드의 활기찬 소통은 유라시아의 성장이었으며 유럽을 종속시켰다. 그러나 정복이라는 야심으로 실크로드를 차단시킨 오스만제국에 의해 유라시아는 성장이 멈추어 버렸다. 그들이 원한 것은 이슬람의 승리와 정복이었다. 다른 목적은 필요하지 않았다. 유럽은 발칸반도를 빼앗기면서 새로운 무역로가 시급하였다.

1492년!

인도를 찾아 떠났던 콜럼부스는 아메리카대륙을 발견하였다. 아시아가 전해준 나침반과 화약을 응용하여 미지의 대륙을 발견하였다. 이후 유럽은 자신감을 가지고 바다의 실크로드인 해양로를 개척하기 시작했다. 유럽 사회는 해양로를 통해 자본주의를 시작하였으며 중상주의를 통해 경제력이 급상승하였다. 마침내 제국주의로 탈바꿈한 유럽 열강들은 막혀버린 실크로드 때문에 후진성을 면치 못하던 아시아를 초토화시키고 말았다.

아미르 티무르의 전략과 리더십이 유럽제국, 특히 영국이 벤치마킹 하였다고 앞에서 언급하였다. 그리고 유럽 르네상스의 원천에는 아미르 티무르가 달성한 실크로드의 부활이 있었다.

아미르 티무르를 14세기에서 배제하고 세계사를 연결할 수 있을까?

안타깝게도 유럽인들은 르네상스의 번영을 자신들 스스로 만든 것으로 왜곡하고 있다. 7~10세기 동안 축적된 이슬람의 선진 과학과 여타 학문은 당대에 유럽에 전해지지 못했다. 이후 몽골제국의 유라시아통일과 유럽대륙의 정치적 격변을 통해 이슬람과 중국의 첨단기술들이 유럽에 전수될 수 있었다. 그러나 13세기 이후 몽골제국이 흔들리면서 이슬람과 중국의 과학기술은 발전하지 못했다. 다시 말하면, 세기 아미르 티무르가 근세로 넘어가는 격동기에 유라시아를 지배하면서 과학기술을 집대성하였기 때문에 15세기 이후 유럽의 르네상스는 꽃을 피울 수 있었던 것이다. 이것은 그가 실크로드를 부활시켰기 때문에 가능하였다.

세계사는 실크로드의 번영을 통해 발전한 대륙세력과 해양로를 통해 현재도 주도권을 쥐고 있는 해양세력으로 나누어진다. 그리고 이두 세력간의 위상이 바뀌는 데는 아미르 티무르의 역할이 지대하였다. 그의 최대 목표인 길의 소통이 국가를 번영케 한다는 전략은 아시아가 아닌 유럽이 다시금 일깨워 주었다. 그리고 그 길을 여는데 아미르 티무르의 실크로드 부활이 큰 역할을 하였다. 따라서 세계사를 대륙세력과 해양세력간의 투쟁으로 본다면 이 연결고리는 아미르 티무르에게서 찾아야 할 것이다. 세계사에서 아미르 티무르를 제외한다면 근세의 유럽은 존재하지 못할 것이다.

제4장

위대한
대륙의 설계

21세기는 세계를 움직였던 위대한 인물들을 복제할 수 있다.
그러나 21세기를 움직이려는 자는 위대한 인물들의 전략을 진화시키고자 한다.

1. 아미르 티무르의 리더십

양탄자 리더십: 힘의 가공

아미르 티무르는 자신의 국가가 동시대의 신생약소국임을 잘 알고 있었다.

이를 극복하기 위해서 백성들의 구성과 특성을 파악하고 이에 적합한 국가 운영시스템을 만들었다. 그러나 아무리 시스템이 좋아도 지도자의 리더십이 없다면 무용지물이 될 수 있다. 아미르 티무르는 리더십을 힘을 가공하는 작업으로 이해하였다.

그는 양탄자에 주목하였다.

양탄자는 유목민들뿐만 아니라 유라시아 거주민들에게 필수 생활용품이다.

하나의 실은 존재의 가치도 없으며 너무나 약해 끊어진다. 그러나 이 실들을 엮어서 양탄자를 만들면 존재의 가치가 달라지며 강도도 높아진다.

양탄자에는 무늬가 들어간다. 하나의 실이 가지는 색깔은 의미가 없다. 그러나 다양한 색깔의 실이 어우러져 문양을 만들면 예술이 된다.

아미르 티무르는 백성들을 실로 보았으며 양탄자를 국가로 보았다.

그는 실을 엮어내는 바닥을 먼저 튼튼하게 만들었다. 그것은 사마르칸트의 재건이었다. 하나의 실이 단단히 박히도록 인프라를 먼저 구축해야만 했다.

1371년부터 1372년에 걸쳐 파괴된 사마르칸트 요새의 6대 관문인 '샤흐자데, 아하닌, 페루자, 수잔가란, 카리스가흐, 초르수'를 새롭게 세우고 요새 내부에 층으로 된 2개의 건물인 '코크 사라이'와 '부스톤 사라이'를 만들도록 하였다. 이 건물은 아미르 티무르의 통치정부 역할을 하였다.

이제 실을 엮어야 했다.

아미르 티무르는 120여 부족으로 구성된 자신들의 백성들을 생각하였다.

그들이 가지는 장점은 무엇이고 단점은 무엇인가?

자신의 백성들은 아랍인보다 종교적 우월감이 없으며 페르시아인보다 학문적 수준도 떨어지며 몽골인보다 더 잘 싸우지도 못했다. 그러나 자신의 백성들 중에서 투르크인은 이들보다 철을 더 잘 다루고 실크로드의 상인인 소그드인의 후예답게 이들보다 장사를 더 잘하였다. 그리고 백성들 중에는 페르시아인도 있으며 몽골인도 있었다.

이들을 하나로 묶는다면 강력한 힘을 만들 수 있다고 판단했다.

아미르 티무르는 페르시아인의 학문, 투르크인의 제철기술, 몽골인의 군사기술, 실크로드의 상술이라는 하나의 실을 엮어서 새로운 힘을 가공하기 시작했다. 각 부족들에게 종합적인 능력을 요구한 것이 아니라 그들만이 가지는 장점을 개발하도록 권유하였다. 그리고 아미르 티무르 자신은 양탄자의 무늬가 예술이 되도록 적재적소에 배치하는 역할을 담당하였다.

다민족 국가는 지도자의 역량에 따라 국가의 발전 정도가 극명하게 차이난다. 아미르 티무르는 페르시아어, 몽골어, 투르크어를 자유롭게 구사하였으며 그들의 문화를 꿰차고 있었다. 따라서 다민족에게 자치를 허용하는데 자신감이 있었다. 다민족 상호간의 소통을 자신이 스스로 만들어 줄만큼 역량이 있었기 때문이다. 그러나 만약에 아미르 티무르 자신이 속한 몽골인 중심의 민족주의를 단행하였다면 반드시 국가경영에 실패했을 것이다.

일반적으로 다민족 국가의 지도자는 자신이 속한 민족에 우선을 주는 민족주의를 단행한다. 다양한 소수민족을 자신의 민족처럼 동화시키는 것이 정치방법상 편리하기 때문이다. 그러나 궁극적으로 이러한 방법은 내부의 불만을 증폭시켜 주류 민족의 세력이 약화되면 모래알처럼 분산되고 만다. 구소련, 구유고연방 등이 대표적인 경우이다. 그러나 반대로 다민족의 자치를 허용하는 개방적이고 평등한 정책은 국가의 힘을 배로 증가시켰다. 로마제국과 미국이 대표적인 경우이다.

아미르 티무르는 아랍제국의 몰락이 아랍 단일민족주의에 있다고 판단했으며, 몽골제국의 멸망 역시 몽골인 중심의 민족주의에 있다고 인식했다.

양탄자란 조화를 의미한다.

하나의 실이 다른 실들보다 강하거나 다른 색들을 압도하면 양탄자는 찢어지고 예술적 가치를 인정받지 못한다. 각각의 실들이 동일한 굵기로 적재적소에 배치되어야 양탄자는 예술로 승화된다. 결국 양탄자의 리더십은 다민족에게 가치를 부여하는 기술이다. 아미르 티무르가 각각의 구성원들에게 가치를 부여하는 작업은 결국 피로서 뭉치는 민족의 개념이 아니라 뜻을 통해 뭉쳐지는 새로운 개념의 민족으로 재탄생하도록 의도하는 것이었다.

퓨전 리더십: 힘의 활용

르네 그루세는 다음과 같이 티무르제국의 특징을 평가하였다.

"아미르 티무르의 제국은 처음부터 균형을 갖추지 못했고 칭기즈칸의 제국이 가졌던 결속력·건전함·안정성이 결여되어 있었다. 그 문화는 투르크·페르시아적이며, 법체계는 투르크·칭기즈칸적이었고, 정치·종교적 원칙은 몽골·아랍적이었다."

아미르 티무르는 앞에서 언급한 양탄자 리더십을 바탕으로 대륙에 존재하는 대표적인 민족들과 그들의 문명을 절묘하게 융합시켜 국가 발전의 힘으로 가공시켰다. 그런데 르네 그루세의 분석은 한 마디로 아미르 티무르의 모습이 양탄자가 아니라 걸레라는 것이다. 그는 아미르 티무르 자신이 역량이 부족했기 때문에 당대에 존재하던 좋은 것을 다 가져다가 붙여놓고 제대로 활용하지 못했다고 평가하고 있다. 그러나 아미르 티무르의 업적을 과정으로 역추적하면 위의 내용이 맞지 않다는 것을 알 수 있다.

주변 국가들과의 전쟁에서 아미르 티무르가 한 번도 패배하지 않은 것은 무엇으로 설명해야 하는가? 칭기즈칸 제국과 같은 결속력·건전함·안정성이 결여되었다면 아미르 티무르의 위대한 원정은 불가능하였다. 특히 그는 안방에서 전쟁을 하지 않고 원정만 단행하였다. 군대의 결속력이 없다면 원정에서 연승을 거두기란 더욱 힘들다. 한 번의 패배라도 존재한다면 위의 평가를 인정하겠지만 연승의 신화는 엄청난 결속력이 수반되어야 가능하다. 그리고 건전함과 안정성이 바탕이 되지 못하면 결속력은 존재하지 못한다.

양탄자의 리더십이 힘의 가공이라면 퓨전의 리더십은 힘의 활용이다.

퓨전이란 일반적으로 전혀 다른 것을 혼합하여 새로운 것으로 재창조하는 것을 의미한다. 여기서 중요한 것은 퓨전이 원천자료를 사라지게 하는 완전한 변신이 아니라는데 있다. 항상 원천자료는 살아 있어야 한다.

우리나라의 비빔밥이 퓨전의 대표적인 걸작이다. 각기 다른 재료가 하나의 그릇에 모여 조화로운 맛을 낸다. 그러나 원천자료는 본질을 잃어버리지 않는다. 앞에서 언급하였던 아미르 티무르 군대의 전투 양식이었던 오씨Osh역시 같은 개념의 음식이다.

『퓨전 리더십』의 저자 리차드 다프트Richard L. Daft와 로버트 렝겔Robert H. Lengel은 다음과 같이 조직에서 차지하는 퓨전 리더십의 중요성을 설명하고 있다.

"조직의 필요와 개인의 미세한 힘이 통합되는 과정을 이해하고 활
용함으로써 조직의 변화를 촉진하는 것."

퓨전이란 모든 존재의 가치를 인정하는 것이다.

이것은 하나의 주된 대상을 돋보이게 하기 위해 다른 대상들이 그것

을 위해 희생하는 것이 아니라 모든 대상이 가지는 각각의 가치가 조직에 필요하다는 인식을 심어주고 독자적인 영역을 추구하게 장려하여 상호 통합하는 것을 의미한다.

아미르 티무르는 퓨전의 모범을 보인 지도자이다.

그는 원천자료를 훼손시키지 않았으며 모든 가치를 부여하였다. 국가의 다양한 구성원들을 있는 그대로 받아들였다. 그들이 가지는 독자적인 능력을 개발하도록 장려하였다. 주전과 비주전이 없는 사회가 아미르 티무르가 만든 국가이다. 그리고 미세한 분야라도 전문가 집단을 만들었다. 이들이 통합되면 하나로 만들어지는 것이 아니라 여러 개의 하나로 나타났다. 그는 또한 다양한 당대의 문명들을 있는 그대로 받아들였다. 그리고 원천자료의 훼손 없이 적절하게 배합하였다.

이슬람에 유목문명을 섞었으며 유목문명에 이슬람을 섞었다.

군대전략에서도 알렉산더 대왕에 칭기즈칸을 섞었으며 칭기즈칸에 알렉산더 대왕을 섞었다.

아미르 티무르의 리더십은 창조 리더십이 아니다.

창조란 무에서 유를 만드는 신만이 할 수 있는 행위이다. 그는 기존의 원천대상들을 잘 응용하여 활용하였다. 『위대한 전략가의 조건』의 저자 윌리엄 더건William Duggan은 다음과 같이 주장하고 있다.

"인류의 역사에서 아무것도 없는 '무'의 상태에서 전혀 새로운 '유'를 만들어낸 경우는 결코 없다. 이미 누군가가 그 길을 걸어가고 있으며 성과를 만들어내고 있다. 따라서 그것을 지켜보고 그보다 더 나은 방법을 개발하여 행하는 것이 중요하다."

이것은 결국 동시대에 존재하는 누군가가 개발한 놀라운 전략을 신속하게 파악하고 그것을 보다 나은 것으로 만들어 자기의 것으로 활용하는 것을 의미한다. 우리가 흔히 아는 모방이나 표절의 개념이 아니다.

결국은 퓨전이다.

당대를 앞서가는 전략에 무엇인가를 더 보충하여 새롭게 재창조하는 것이다. 위대한 인간의 한계는 신이 아닌 이상 재창조에서 머문다. 그러나 이들은 원천대상들에 대한 정확한 이해를 바탕으로 재창조한다. 범인들은 원천대상을 따라가기에 바쁘다. 이것은 곧 모방이고 표절이다.

체스 리더십: 힘의 승리

아미르 티무르는 체스마니아였다.

얼마나 체스를 좋아하였는지 일화가 전해진다.

체스를 두고 있던 아미르 티무르에게 신하가 다가와서 아들의 출산을 알렸다. 그리고 이름을 짓도록 부탁했다. 마침 아미르 티무르가 잡은 말이 룩Rook(장기의 차車에 해당)이었다. 그는 신하에게 아들의 이름을 룩이라고 했다. 룩의 이름을 받은 아들은 나중에 아미르 티무르 사후 권력경쟁에서 승리하여 패권을 잡게 되는 샤흐 루흐이다.

그는 기존의 체스게임이 재미가 없다며 말의 수를 늘려서 만든 아미르 티무르 체스를 창안하였다.

아미르 티무르의 리더십은 체스가 가지는 게임의 메커니즘에서도 나왔다.

체스는 64칸의 공간에 각자의 역할과 보폭을 가지는 여섯 종류의 말들을 가지고 하는 게임이다. 이것은 현대적 의미로 전략시뮬레이션 게임이다. 이 게임은 여섯 종류의 말들을 임기응변으로 적재적소에 활용하여 적보다 몇 수를 앞서는 계산을 하여야 승리할 수 있다. 아미르 티무르의 체스 리더십은 철저하게 승리를 위해서만 활용된다. 그 자신이 전쟁을 행하기 전에 체스판 위에서 다양한 방법으로 가상의 전투를 해 보았다.

이겨놓고 승리한다!

위대한 장군들의 공통적인 법칙이다. 아미르 티무르 역시 체스를 통해 적을 이기는 여러 가지 전략을 시험하였다. 그리고 다양한 경우의 수를 계산하고 전쟁터에 나섰다.

체스의 리더십은 바로 신뢰의 리더십이다.

군대의 장군이 승리에 대한 믿음과 신뢰를 부하들에게 심어주어야 하는 것은 당연하다. 아미르 티무르는 이미 다양한 경우의 수를 읽고 있기 때문에 위기의 상황에서 결코 당황하지 않았다. 그리고 임기응변이 탁월했다. 특히 유목군대는 카리스마를 가진 장군의 표정에서 승부가 결정되었다. 조금이라도 장군이 당황하거나 얼굴 표정이 좋지 못하면 부하들은 전의를 상실한다. 따라서 체스 리더십은 부하들이 장군을 믿고 따르게 하는 신뢰의 리더십이다.

체스는 졸卒이 왕王을 죽일 수 있는 게임이다. 이것은 체스가 가지는 매력이다. 체스를 통해 일개 병사들도 적군의 장수나 왕을 무너뜨릴 수 있다는 자신감을 가질 수 있다. 아미르 티무르는 이러한 가능성이 실제 전장에서 가능하다고 주입시켰다. 그리고 그에 따른 보상을 상상하라고 독려하였다.

체스 리더십은 결국 희망의 리더십이다.

일개 병사도 적군의 왕을 잡을 수 있는 가능성이 있는 귀중한 존재라는 것을 보여준다. 그러나 군율이 서야하고 맡은 역할이 있는 군대에서 졸이 자신의 출세를 위해 작전을 무시한다면 군의 기강이 잡히질 않는다. 아미르 티무르는 혹독한 훈련을 통해 각 군대의 구성원들이 맡은 역할을 정해주었다. 그리고 작전을 수십 번 반복하여 연습함으로써 실전에 만전을 기하였다. 지도자는 졸이 적군의 왕을 잡을 수 있다는 희망을 심어주지만 실제로 졸이 그를 잡을 수 있도록 이끌고 나가야 한다.

어떠한 방식으로 졸을 훈련시켜야 할 것인가가 문제이다.

『위대한 나의 발견, 강점 혁명』의 저자인 마커스 버킹엄Marcus Buckingham은 다음과 같이 효과적인 훈련의 방식을 설명하고 있다.

"많은 사람들이 자신의 가장 뛰어난 재능이 무엇인지조차 모른 채 연습만 충분히 한다면 어떤 능력이든 학습할 수 있다고 믿는다. 또한 대부분의 사람들은 약점을 극복하기 위해서 모든 업무 기술과 지식을 익히려 든다. 약점을 극복해야 출세할 수 있다고 생각하기 때문이다. 그러나 약점을 보완하려는 것은 쓸데없는 곳에 에너지를 소모하는 것일 수 있다."

아미르 티무르는 체스에서 각각의 말은 자신의 강점만 가지면 된다고 믿었다.

여섯 종류의 말들이 자신의 역할을 벗어나 다른 말의 역할을 할 필요가 없는 것이다. 멀티플레이어라는 개념은 체스판에서 존재하지 못한다. 아미르 티무르는 위의 훈련 방식과 마찬가지로 각자의 맡은 역할과 강점을 개발시키도록 훈련시켰다. 보병이 기병의 역할을 할 수 있도록 훈련시키지 않았다. 반대로 기병이 보병의 역할을 할 수 있도록 하지도 않았다. 전쟁터에서 자신의 역할을 100% 활용하여도 이기기 힘들기 때문에 보다 자신의 강점을 전문화시키라고 했다.

체스 리더십은 자신감의 리더십이자 전문성의 리더십이다.

2. 아미르 티무르가 만든 국가

글은 몰라도 다중언어를 구사하는 주민들: 국제화된 주민

앞에서 언급한 것처럼 중앙아시아의 버려진 자들은 당대의 국제어인 아랍어와 페르시아어를 알지 못했다. 이들에게 교육의 기회란 없었다. 따라서 시간이 지나면 지날수록 일반 주민들의 소통어는 투르크어계 언어들이 대부분이었다.

그러나 버려진 자들에게는 모국어 구사능력보다 월등히 뛰어난 외국어 구사능력이 있었다. 이들은 글자를 모를 뿐이지 기본적으로 아랍어나 페르시아어로 말을 할 수 있었다. 어떻게 쓰는지 그리고 어떻게 읽는지는 몰라도 대화는 자유롭게 했다는 의미다.

정규교육을 받지 못했어도 그들이 주변에서 만나는 사람들은 유라시아에 존재하는 민족의 후손들이었다.

이들에게 생활은 그 자체가 국제화였다.

무수히 많은 민족들이 서로 공존하며 자신들의 언어, 문화, 풍습을 실행하며 살았기 때문에 이웃에 있는 이민족들은 그들을 지켜만 보는 것으로 학습이 되었다. 자주 듣다보면 문자가 무엇인지 몰라도 어느 정도 이해하고 대화가 되는 것처럼 이러한 환경이 중앙아시아에는 일반적이었다.

현재 우즈베키스탄에 거주하는 타직인들은 3개 국어를 한다. 모어인 타직어, 공식어인 우즈베크어, 그리고 러시아어. 또한 우즈베크인 역시 기본 두 개의 언어를 구사하는 이중언어multi-languager 구사자들이다.

아랍어와 페르시아어는 우리와 같은 알타이어에 속하는 투르크어와 달라 몽골인이나 투르크계 부족들이 배우기가 매우 힘들다. 그러나 버려진 자들의 2세와 3세들은 각자의 모국어인 페르시아어, 몽골어, 그리고 투르크계 언어 등을 구사할 수 있었다. 현재 중앙아시아에서 살고 있는 러시아인들조차도 우즈베크어나 카자흐어에 관심은 없어도 주변에서 매일 매시 듣고 살기 때문에 무슨 말을 하는지 정도는 이해한다고 한다. 여기에 관심이 추가되면 이들이 위의 언어를 배우는 것은 힘들지 않다고 본다.

게다가 중앙아시아의 버려진 자들은 실크로드 무역의 중심에 있었기 때문에 외부인들을 만나는 기회가 많았다. 실크로드를 지나는 상인들의 언어 정도는 알아야 진정한 실크로드의 휴식처로 기능을 할 수 있다.

아미르 티무르 역시 마찬가지다.

그는 몽골어, 투르크어, 페르시아어를 자유롭게 구사하였으며 자서전을 집필할 만큼 박식하였다. 그의 자서전은 1835년 한 학자에 의해서 부하라에서 발견이 되었다. 이것이 그가 직접 쓴 것인지 아닌지는 정확하게 결론이 나지 않았지만 분명한 것은 문서를 작성할 만큼 교육을 받았다는 것이다. 그리고 평생 독서를 게을리 하지 않았다. 전쟁터에서도 그를 위해 책을 읽어주는 신하를 두었다고 한다.

과거 몽골제국의 지배자들과 달리 아미르 티무르는 중앙아시아에 주민들이 구사하는 대표적인 언어를 잘 알고 있었다. 그래야만 다인종 · 다민족 · 다문화 사회에서 소통의 정치를 할 수 있었다.

전 국민이 통역을 하는 국가. 아미르 티무르는 버려진 자들의 이러한 특성을 잘 활용하여 실크로드 무역의 인적자원으로 키워냈다.

이름에 직업을 붙이는 사람들: 모든 주민이 전문가

중세 중앙아시아에 살았던 사람들의 이름은 대부분 아랍식 이름이었다.

아랍인의 이름은 기본적으로 개인의 이름 앞에 수많은 수식어를 부여하여 사용된다. 예를 들면 다음과 같다.

후세인이라는 이름이 있다. 이것은 말 그대로 개인의 이름ism이다. 아이가 태어나고 이름이 부여되면 그들의 부모들은 자녀의 이름 앞에 각각 아부Abu와 움Umm을 붙여 자신의 이름을 만든다.(이를 일반적으

로 쿤야흐Kunyah라고 한다)

- 아부 후세인Abu Hussein → 후세인의 아버지
- 움 후세인Umm Hussein → 후세인의 어머니

개인의 이름은 결혼하여 아이를 출생할 때까지 사용한다.
그리고 이름 앞에는 반드시 부칭을 추가해야만 한다. 아들 앞에는
빈bin을 딸 앞에는 빈트bint를 붙인다. 그리고 부칭이 두 개 붙으면 뒤의
부칭은 이 가문의 원래 직업을 의미한다. 우리가 잘 아는 오사마 빈 라
덴은 다음과 같이 해석된다.

- Osama bin Laden → 라덴의 아들 오사마

이외에도 종교인, 정치인에게 붙여서 사용하는 라캅Laqab이 있으며
출생지를 붙여서 사용하는 니스바흐Nisbah가 있다. 이를 토대로 아랍인
의 전체 이름을 적어보면 다음과 같다.

Fakhr al-Din Abu Abd Allah Muhammad ibn Umar ibn al-Hajjar al-Razi
　　라캅　　쿤야흐　　이름　　부칭1　부칭2　　니스바흐
이를 해석하면 다음과 같다.

• 라지 출생의 종교인이자 석공 가문인 우마르의 아들이자 아브드 알라의 아버지인 무함마드

  아랍의 이름은 주로 기본 동사가 형용사로 파생되어 그 의미를 가진다. 우리가 잘 아는 사담Sadam은 '충돌 잘하는'의 의미를 가진다. 아랍식의 이름에 가장 중요한 표시는 본명인 이름과 더불어 사회적 신분, 직업, 출신을 표시하는데 있다.

  아미르 티무르는 아랍식 이름을 사용하는 대부분의 주민에게 자신의 직업을 언급하도록 강조했다. 원래부터 사마르칸트는 이슬람 사회에서 가장 우수한 수공업 제품을 생산하는 곳으로 알려져 왔다. 9세기 위대한 문필가인 알 자히즈Al-Jahiz는 이슬람의 10대 도시를 선정하면서 사마르칸트를 수공업도시라고 평가하였다.

  이슬람 문명사의 대가 버나드 루이스Bernard Lewis는 다음과 같이 적고 있다.

  "중세에 직물산업은 현대의 철강산업과 같다."

  직물산업의 핵심은 양탄자였다.

  이란에서 발간된 『페르시아 양탄자의 역사』에는 다음과 같은 구절이 나온다.

"페르시아를 중심으로 발달된 페르시아 양탄자는 몽골제국의 침략과 지배로 침체기에 들어갔지만 이후 아미르 티무르와 그 후손들의 통치기에 다시 활기를 찾았다. 그들은 무엇보다 양탄자 장인들을 매우 귀하게 생각하고 우대해 주었다."

아미르 티무르의 통치기에 양탄자는 소유자와 동일한 대우를 받았다. 크리스토퍼 크렘멀Christopher Kremmer은 자신의 책『양탄자 전쟁』에서 아미르 티무르가 원정을 떠나고 없을 때 사마르칸트를 방문한 외국사신은 그의 양탄자에 입맞춤을 했다고 한다. 이처럼 사마르칸트의 직물산업은 발전하여 현재 중앙아시아 일대에 계속해서 그 전통을 유지하고 있으며 세계적인 수준으로 평가받고 있다.

이처럼 양탄자뿐만 아니라 도자기, 타일, 제지 등도 당대의 첨단의 기술을 보유하고 있다.

아미르 티무르는 주민들이 가지는 직업을 이름에 명확히 사용하도록 요구하면서 그들의 장인정신을 고취시키고 기술의 발전을 도모하였다.

이름만 들어도 그 사람의 직업을 아는 사회는 장인을 무시하는 사회가 아니라 그들을 사회적으로 대우하고 존경한다는 의미를 가졌다.

중세 최대의 메트로폴리탄: 오아시스 크레센트(초승달)

아미르 티무르가 구축한 중앙아시아의 영광은 실크로드에서 나온다. 그러나 이러한 업적은 그가 처음부터 만든 것이 아니다. 원래부터 이 지역은 무궁무진한 인적, 물적 인프라를 보유하고 있었다. 이른바 문명의 초승달이다.

문명의 초승달은 아무다리야강 주변에 조성된 오아시스 도시들을 의미한다. 이러한 도시들을 연결하면 초승달 모양으로 나타난다고 하여 붙여진 이름이다. 과거 페르시아의 위대한 문명도시들과 아무다리야강 너머의 오아시스 도시들이 그것이다.

고대부터 아무다리야강 너머를 '모바라운나흐르(=트란스옥시아나)'라고 불렀으며, 페르시아 북부이자 아무다리야강 남부 지방을 가리켜 대大호라산Greater Khorasan이라고 명했다. 현재의 우즈베키스탄에 위치하는 히바-부하라-사마르칸트-테르메즈, 투르크메니스탄의

문명의 초승달

236

메르브, 아프가니스탄의 발흐(현재의 마자르 이 샤리프Mazar-i-Sharif), 헤라트 등이 초승달을 구성하는 도시들이다.

어느 도시 하나 뒤처지지 않는 놀라운 문명을 품고 있다.

메트로폴리탄의 사전적 의미는 다음과 같다. 어떤 대도시가 중·소도시와 그 밖의 지역에 지배적인 영향을 끼쳐 통합의 중심을 이루었을 때, 그 대도시와 주변 지역 전체를 이르는 말.

오아시스 메트로폴리탄의 대도시는 사마르칸트가 해당된다. 이 도시를 중심으로 위로 부하라-히바가 연결되며 밑으로 테르메즈-메르브-발흐-헤라트가 이어진다.

사마르칸트를 중심으로 연결된 이러한 도시들은 중앙아시아를 넘어 이슬람 사회에 문명, 무역, 학문, 종교의 메트로폴리탄을 만들었다.

먼저 이 초승달을 따라 동과 서의 실크로드 상인들이 지나갔다. 이곳을 지나야만 인도로, 중동으로, 유럽으로, 중국으로 갈 수 있었다.

히바는 러시아로 연결되는 주요한 길목이자 실크로드와 초원의 길을 연결시켜주는 요충지이다. 과거 몽골제국에 처참하게 보복당한 호레즘 샤 왕조의 수도이기도 했다.

부하라는 중앙아시아 최대의 종교도시이다. 앞에서 언급한 수피즘의 대가들인 아흐마드 야사위와 낙쉬반디가 모두 부하라에서 이슬람을 연구하였다. 이보다 앞서 부하라를 이슬람 연구의 메카로 만든 자는 바로 이곳 출신의 이맘 부하리Muhammad ibn Ismail al-Bukhari(810~870)

이다. 그가 저술한 예언자 언행록인 『하디스』는 현재 전 세계 무슬림들이 탐독하는 가장 대표적인 본이다. 아라비아의 메카를 갈수 없다면 부하라에 가서 하지(성자순례)를 수행하라는 말이 전해내려 오고 있다면 이 도시를 충분히 이해할 것이다.

테르메즈는 불교를 국교로 삼았던 과거 쿠샨왕조의 중심이었다. 현재의 파키스탄이자 과거 북인도와 중앙아시아를 통치했던 쿠샨왕조에게 테르메즈는 중요한 도시였다. 이 두 지역을 연결하는데 테르메즈만큼 좋은 곳이 없었다. 지금도 당시의 불교 유적들이 다수 발굴되고 있다. 그리고 이맘 부하리와 동시대 인물인 앗 테르미즈 Muhammad ibn Īsā as-Sulamī at-Tirmidhī (824~892)역시 이곳에서 출생하여 세계에서 두 번째 본으로 평가받는 『하디스』를 저술하였다.

미국의 저명한 역사학자인 챈들러Tertius Chandler는 1987년 인류 4천년 동안의 최고 도시를 선정하면서 12세기에는 메르브가 그 자리를 차지한다고 주장하였다. 실제로 메르브는 고대 조로아스터교의 중심이었으며 실크로드의 교착지로서 기능을 하였다. 그러나 지금은 쇄국정책을 유지하는 투르크메니스탄의 도시에 속해있기 때문에 쉽게 가볼 수 없는 곳이 되었다.

발흐는 테르메즈에서 아무다리야강을 건너면 바로 만나는 아프가니스탄의 도시이다. 이곳 역시 쿠샨 왕조 당시의 불교 유적이 많이 발굴되고 있으며 조로아스터교의 창시자 조로아스터의 영묘도 있다.

2001년 5월 당시에 아프가니스탄을 장악한 이슬람 원리주의자들인 탈레반이 세계에서 가장 높은 입불상인 바미안 불상을 폭파시켜버렸다.

헤라트는 페르시아 북동부에서 번성한 호라산 문명의 진주로 불렸다. 발흐와 마찬가지로 지리적으로 중요한 지역에 위치하여 이곳을 지배한 집단들의 중심도시로 기능하였다. 아미르 티무르 사후 이 도시는 티무르 왕조가 페르시아를 통치하기 위해 식민정부를 세운 곳이기도 하다.

저마다 당대의 최대 도시로 기능을 하였던 사막의 진주같은 이 도시들을 아미르 티무르는 하나의 실에 묶어 진주목걸이로 만들었다. 무역, 종교, 학문 등을 중심으로 중세 최대의 메트로폴리탄이 탄생되었다.

3. 14세기 지구의 랜드마크landmark, 사마르칸트

사막에 핀 정원의 도시

위대한 정복자 알렉산더대왕은 사마르칸트를 보고 난후 이렇게 말했다고 전해진다.

사마르칸트 상상도

사마르칸트 복원도. 현재의 사마르칸트는 아미르 티무르가 건설한 당시와 비교하면 1/10에 불과하다.

"아름답다고 말은 들었지만, 이렇게 아름다운 도시일지는 상상하
지 못했다."

사마르칸트가 아름다운 것은 사람들이 상상하지도 못했던 사막 속
의 정원을 이곳에서 볼 수 있기 때문이다. 실크로드의 오아시스 도시
인 사마르칸트는 시 외곽을 흐르는 자라프샨Zarafshan강을 잘 활용하여

정원이 있는 아름다운 도시로 탈바꿈하였다. 자라프샨 강은 페르시아 어로 '금을 뿌리는 분무기'를 의미한다. 실제로 사마르칸트의 북부에 는 금광이 있어 이 말이 틀린 것은 아니다. 이 강을 이용한 관개수로를 통해 도시에 물을 공급하고 정원을 만들어 사막의 느낌을 사라지게 했 다.

아미르 티무르는 사마르칸트의 관개수로를 보다 발전시켜 도시 내 에 12개의 정원을 만들도록 하였다. 그리고 자신만의 의미를 가지고 있는 이름을 각각의 정원에게 부여했다.

- 비히쉬트Bixisht 정원: 1378년 아미르 티무르의 명령으로 그의 부인 투만 아가를 위해 도시 서쪽에 만들었다고 한다. '파라다이스'의 의미를 가진다.

- 딜쿠쇼Dilkusho 정원: 1396년 아미르 티무르가 투칼 하님Tukal Hanim 과 결혼을 기념하여 동쪽에 건설하도록 하였다. 909헥타르에 달 하는 넓은 면적에 4개의 출입문이 있었다. 정원 내부에는 다양한 꽃들과 과실수가 심겨져 있었다. 이름의 의미는 '심장의 기쁨'을 뜻한다.

- 쉬몰Shimol 정원: 1397년 아미르 티무르가 세 번째 아들인 미란 샤 흐의 딸을 위해 건설한 궁전에 만든 정원이다. '북쪽의 정원'을 의 미한다.

- 치노르Chinor 정원: 아미르 티무르가 첫 번째 부인 나르미쉬-아가를 위해 건설하도록 했다. '플라타너스'를 의미한다.
- 아미르조다 샤흐 루흐Amirzoda Shah Rukh 정원: 아미르 티무르의 막내 아들 샤흐 루흐를 위해 건설하였다.
- 조곤Zogon 정원: '40'을 의미하는 정원이다.
- 발란Baland 정원: '고귀한' 정원을 의미한다.
- 아미르조다 울루그벡Ulugbek 정원: 아미르 티무르의 손자 울루그벡을 위해 건설하였다.
- 마이돈Maydon 정원: '광장'을 의미하는 정원이다.
- 낙쉬 자혼Nakshi Djaxon 정원: '세계의 정원'이라는 의미를 가지며 아미르 티무르 자신은 이것이 완공되는 것을 보지 못했다.
- 다블라트-아보드Davrat-obod 정원: 1399년 인도 원정을 마치고 돌아온 이후 건설하도록 명령했다. '행운의 정원'이라는 의미를 가진다.
- 나브Nav 정원: 1404년에 완공된 정원으로 '새로운 정원'을 의미한다.

여름이 유난히 길고 무더운 중앙아시아에서 이와 같은 정원을 가진 도시는 아름다울 수밖에 없다. 주민들은 밤이면 정원에 나가 휴식을 취하였으며 아미르 티무르 자신도 원정에서 돌아와 이들을 보면서 흡족해 했다.

아미르 티무르는 정원의 건설과 더불어 사원, 영묘, 신학교, 첨탑 등 이슬람 건축물들을 건설하도록 했다. 그리고 모든 건축물은 그의 뜻대로 푸른 타일이 사용되었다. 멀리서 바라보면 사마르칸트는 푸른 색을 띤 도시로 보인다. 무수히 많이 심겨진 나무들과 햇빛에 반사되어 빛나는 푸른 타일로 장식된 도시 사마르칸트는 당시에 살았던 사람들이 가장 살고 싶은 도시였다.

사마르칸트를 가지고 싶지 않은 통치자는 지구상에 없다

사마르칸트는 역사적으로 실크로드의 중간기착지로서 기능을 해야 하는 운명의 도시였다. 특히 중국의 당과 페르시아를 연결하는 역할을 사마르칸트 원주민인 소그드인들이 수행하였다. 그래서 사마르칸트가 세상에 알려진 것은 이들의 활약 덕분이었다. 소그드인들은 기원전 1세기경부터 중국과 직접 교역을 하였으며 강국인康國人이라고 불렸다. 이들의 활동범위는 중국은 물론 몽골고원, 서아시아까지 미쳤다고 한다. 당회요唐會要에는 소그드인들의 모습을 다음과 같이 묘사하고 있다.

"자식을 낳으면 반드시 꿀을 먹이고 아교를 손 안에 쥐어준다. 그것은 이 아이가 성장했을 때 입으로는 항상 감언甘言을 하며 아교가 물건에 붙듯이 손에 돈을 가지게 되었으면 하는 염원 때문이다. 그들은 누구나 장사를 잘하며 지극히 적은 이윤이라도 다툰다. 남자는 세가 되면 다른 나라에 보내는데 중국에도 온다. 이익이 있는 곳이면 가지 않는 곳이 없다."

당시에 소그드인들은 연방국가를 구성하였는데 당시의 주요 구성국들은 사마르칸트의 강국康國, 부하라의 안국安國, 타슈켄트의 석국石國, 케쉬의 사국史國 등이었다. 이들의 활약으로 실크로드는 전성기를 구가하였다. 이들은 당의 수도 장안으로 양탄자, 약품, 향료 등을 싣고 와서 당의 귀족들에게 팔았다. 이와 동시에 서역문화를 전하여 장안에 유행시켰다.

그러나 지리적인 이점을 살려 실크로드 무역을 주도하였던 소그드인들은 아랍 이슬람에 의해 참혹한 파괴를 당하고 말았다. 당시에 조로아스터교를 믿었던 이들은 이슬람으로의 개종을 거부하여 자신들의 존재조차 찾을 수 없을 만큼 학살을 당하였다.

아랍의 지배는 파괴로 끝났다. 실크로드 역시 쇠퇴의 길을 가야만 했다. 그러나 다시 칭기즈칸의 몽골제국은 이 도시를 무자비하게 파괴하였다. 아랍의 잔인함으로 파손된 도시가 다시금 기지개를 펴려고 하였으나 정복자의 칼 아래 완전히 폐허가 되어 소생할 수 없는 길로 빠지고 말았다

이후 진행된 아미르 티무르의 원정이 연승을 거두면 거둘수록 사마

르칸트는 위대해져 갔다.

아랍의 저명한 여행가 이븐 바투타Ibn Batutah(1304~1368)는 1332년
(혹은 1334) 사마르칸트를 방문하고 다음과 같이 기록하였다.

"사마르칸트는 세계에서 가장 크고 완벽한 도시이다."

사마르칸트는 세계 일류의 도시로 탈바꿈 하였다.

당대의 세계적인 건축가들이 사마르칸트에 사원, 신학교, 그리고
도시의 인프라 구축을 설계하고 건설하였다. 무역상들에게 편의를 제
공하는 도로, 시장, 카라반 사라이 등이 정비되어 명실 공히 실크로드
무역의 중추적인 역할을 담당하는데 손색이 없었다.

당시의 번영에 대한 기록은 에스파냐의 사자使者인 클라비오Ruy
González de Clavijo(? ~ 1412)에 의해 전해진다. 그는 년 사마르칸트를 방
문하여 아미르 티무르를 알현하였으며 다음과 같은 기록을 남겼다.

"사마르칸트는 헤라트의 동쪽에 있다…… 여기는 지세가 평탄하고
산야의 모습은 아름답고 토지는 비옥하다. 강이 있어 이 도시의 동
에서 북으로 흐르고 있다. 이 성은 동서 4km, 남북 2km로서 성문은
여섯 개가 있고 자성子城도 있다. 성 안에는 인구가 많고 도로는 종
횡으로 뻗어 있고 상점은 빽빽하게 차 있다. 서남아시아의 상인은 여

기에 많이 모이고 있다. 가는 곳마다 상품이 많지만 모두 이곳의 산물이 아니다. 대부분은 외국상인이 운반해 온 것이다. 거래는 은전이 사용되었다. 그 돈은 모두 여기에서 만든 것이다. 그 풍속은 금주禁酒를 하며 소와 양을 죽이는 사람은 그 피를 칠한다. 성의 동북쪽 모퉁이에 토옥土屋이 있다. 이것은 하늘에 제사를 지내는 곳으로 구조는 심히 정교하며 기둥은 모두 파란돌로 꽃무늬를 조각하였다…….”

그는 사마르칸트 시장에 대해서도 묘사를 하였다.

“아미르 티무르가 즉위한 이후 킵차크칸국, 인도, 타타르 등 여러 나라에서 사마르칸트로 가져온 상품은 실로 엄청나서 판매진열장이 동이나버릴 정도였다. 그리하여 아미르 티무르는 기술관리에게 명하여 사마르칸트 성을 가로지르는 시장을 건설하여 그곳에 상인을 초치시키도록 하였다.”

사마르칸트 역사를 연구한 윌프리드 블런트Wilfrid Blunt는 자신의 저서인 『사마르칸트로 가는 황금의 길』에서 아미르 티무르의 사마르칸트는 아시아의 무역 절반을 차지하는 번영의 도시라고 기록하고 있다.

아랍인들 사이에 “만약에 당신이 우리에 대해서 알고 싶다면 우리의 건축물을 보라"는 속담이 있다. 이러한 맥락에서 사마르칸트의 건축물은 아미르 티무르를 알게 해준다.

사마르칸트는 현대적 의미에서 물류의 허브 역할을 담당하였으며 이를 수행하는데 필요한 모든 인프라가 갖추어진 중세 최고의 도시였음을 알 수 있게 한다. 따라서 어느 누가 이 도시를 가지고 싶지 않았겠는가? 그러나 아미르 티무르 생전에 사마르칸트를 공격한 자들은 단 한 명도 없었다.

도시의 새로운 패러다임을 만들다

사마르칸트를 일반적으로 아미르 티무르의 도시라고 한다.
그가 직접 지휘하여 벽돌, 문양, 규모까지 정해주어 사마르칸트의 건축물들이 탄생하였으며 이를 현재 티무르양식이라고 한다.
돔 모양을 가진 이슬람 사원과 신학교는 푸른색 타일로 치장되어 지금도 그 빛을 전해주고 있다. 특히 아미르 티무르에 의해 건축된 이슬람 건축양식인 돔형의 구조는 기존의 페르시아식 양식을 벤치마킹하여 이것을 재창조하여 이룩해낸 걸작이었다. 결국 티무르양식은 후대에 새로운 건축양식으로 전해져서 유럽, 인도, 러시아 등에 유사한 모양의 건축물이 세워졌다.

이슬람 도시의 전형적인 구조는 사원, 신학교, 첨탑, 시장, 주거지 등으로 이루어진다. 그러나 아미르 티무르는 여기에 다른 요소를 추가시켰다.

첫째, 정원의 건설.

이것은 상당히 어려운 작업이다. 관개수로를 완벽하게 만들지 못하면 불가능한 일이다.

둘째, 시장 중심의 도로 정비.

아미르 티무르는 모든 길이 시장으로 연결되도록 도시 재개발 사업을 진행하였다. 클라비오의 증언에 따르면 도로를 확충하기 위해 그곳에 살던 주민들을 다른 곳으로 이주시키고 보상금을 주었다고 한다.

셋째, 신도시의 건설.

아미르 티무르는 사마르칸트가 중심이 되면서 주변에 신도시 건설을 명하였다. 그리고 도시의 명칭을 미스르, 다마스쿠스, 바그다드, 시라즈, 술타니아 등 이집트에서 페르시아에 이르는 당대의 대표적인 이슬람도시로 정하였다. 이것은 사마르칸트가 세계의 중심이라는 것을 대외적으로 알리기 위한 전략이었다.

이러한 구조는 현대의 대도시 구조와 유사하다.

시내의 중심은 상업과 시장을 중심으로 구성되며 주거지는 베드타운에 해당하는 신도시 건설로 보충하였다. 이러한 구조가 되려면 기본적으로 중심지에 상업이 번성해야 하며 이를 위해 도로망이 확장되어야 한다.

아미르 티무르는 도시 건축물의 디자인에 집중하였다.

대부분의 건축물이 이슬람의 교리에 따라 우상으로 상징되는 것은 디자인으로 사용될 수 없었다. 그러나 아미르 티무르 이전시대에도 발견된 적이 없는 독특한 양식의 디자인이 만들어졌다.

이른바 플로라Flora Style 스타일이다.

페르시아의 양탄자 문양에서 나왔다고 주장하는 자들도 있지만 그것과 다른 독창성을 가진다. 티무르제국이 무너지면서 이 지역을 지배한 우즈베크족은 자신들만의 양식보다는 이미 선진화된 티무르양식을 선택하고 사원과 신학교를 건설하였다. 이것을 건축 디자인의 수출이라고 해도 무방할 것이다.

더욱 놀라운 사실을 우즈베키스탄의 학자 수쿠르 아스카로프Shukur Askarov가 발표하였다. 그는 중세유럽의 건축 르네상스를 주도했던 피렌체의 돔 양식이 사실은 티무르양식에서 기술적인 부분을 보완했을 것이라고 주장한다.

저명한 이탈리아 천재 건축가 필리포 브루넬레스키Philippe Brunelleschi (1377~1446)는 중세유럽의 건축 르네상스 중심에 있었다. 그는 기존의 고딕양식의 교회건축물에 반대하여 로마시대의 고전 건축양식을 새롭게 복고시켰다. 그의 명성은 당시 건축에 애를 먹고 있던 피렌체 대성당의 큰 돔을 올리는데 성공하면서 시작되었다. 이 돔 양식은 한 명의 피렌체 천재건축가에 의해 세워졌다고 일반적으로 알려져 있다. 그런데 수쿠르 아스카로프는 필리포의 건축기법에는 아미르 티무르 시기에 축적된 이슬람건축 양식이 재현된 것 같다고 주장한다. 그는 필리포가 활동한 피렌체가 일찍이 서유럽과 이슬람세계를 연결하는 무역의 중심지인 것이 그 증거라고 했다. 따라서 당시 이슬람건축의 표준이자 첨단의 기술을 보유하고 있던 사마르칸트에서 영향을 받았을 것이라고 주장하는 것이다. 설령 이러한 주장이 틀린다고 하더라도 분명한 것은 당대 최대의 건축기술은 사마르칸트에 있었다는 것에 모두들 동의한다. 그렇다면 최소한 후대에 속하는 피렌체의 천재건축가가 사마르칸트의 둠 양식 건축물에서 영감은 얻었으리라고 추측해 볼 수는 있을 것이다.

다음으로 타지마할Tajimahal이다.

1631년에 짓기 시작하여 22년만인 1653년에야 완공된 세계 건축사에 길이 남는 인도 무굴제국의 대표적인 건축물이다. 당시에 통치자 샤 자한Shah Janhan이 1629년 세상을 떠난 왕후 뭄타즈 마할Mumtax Mahal을 추모하여 만든 무덤이다.

이 건축물을 자세히 살펴보면 사마르칸트의 건축들과 매우 유사하다는 것을 느끼게 된다. 무엇보다 무굴제국을 건국한 자는 앞에서 언급한 티무르제국의 후손인 보부르이다. 이러한 연관성만 알게 된다면 타지마할의 건축기술이 어디에서 출발하는지 알게 될 것이다. 물론 아미르 티무르 당시의 건축 기술은 모두 당대 주변국의 기술이다. 그러나 첨단의 건축술과 기술자들을 사마르칸트에 모두 모아서 재창조한 것은 그의 업적이다. 이러한 사실이 없었다면 이슬람건축은 집대성되지 못했을 것이다. 따라서 타지마할의 건축은 아미르 티무르에 의해 재구축된 이슬람건축 기술의 절정이라고 해야 할 것이다.

결과적으로 아미르 티무르가 완성한 사마르칸트라는 도시는 14세기 지구를 대표하는 랜드마크가 되었다. 그리고 이후 사마르칸트의 건축물로부터 영감을 받은 세계적인 건축물들이 나오기 시작했다.

4. 아미르 티무르가 만든 세계

콤팩트Compact 월드: 지구를 가볍게 만들다

아미르 티무르는 페르시아, 중동, 인도, 러시아, 오스만제국 등을 정복하면서 그와 백성들에게 생명줄과 같은 위대한 실크로드를 복원시켰다. 이러한 과업은 인류의 발달에 새로운 이정표를 만들었는데 대표적인 것이 '카라반 사라이'와 '박물관'의 개념이다.

카라반 사라이는 실크로드에 존재하였던 5성급 호텔이다. 실제로 이 위대한 무역로는 험난한 사막, 초원 등의 자연환경과 구석구석에 숨어있는 도적떼, 이민족 집단들이 공존하는 매우 위험하고 살벌한 공간이었다. 단지 카라반들이 이 길을 무사히 통과하여 가지고 간 상품을 팔게 되면 일확천금을 얻을 수 있었기 때문에 그 가치가 있었다.

　기존의 카라반들은 사막을 건너고 초원을 지날 때 먹는 문제를 해결하기 위해 낙타나 말에 엄청난 무게의 양식을 싣고 갔으며, 다음으로 도적떼와 이민족들의 약탈과 횡포를 피하기 위해 호위무사를 대동하였다. 이처럼 만성적으로 카라반들을 괴롭히는 두 가지 문제는 결국 상품가격의 상승으로 연결되었다. 다시 말하면, 카라반의 짐이 가벼우면 가벼울수록 그리고 동반하는 인력이 적으면 적을수록 상품 가격은 내려간다는 결론이 나온다. 이것은 수요자와 공급자 모두가 상생할 수 있는 유일한 방법이었다.

우즈베키스탄에 보존되어 있는 카라반 사라이

아미르 티무르는 이러한 문제점을 이해하고 먼저 카라반들의 짐을 덜어주기로 하였다. 낙타 위의 짐을 가볍게 하고 동반자의 수를 줄일 수 있도록 조치한 것이 바로 카라반 사라이의 확대였다.

카라반 사라이는 다음과 같은 기능을 하였다.

- 휴식의 공간(숙소: 하나카)
- 안전의 공간
- 상품 교류의 공간
- 상품 전시의 공간(전시장: 타기)

도시 내부에 건설된 카라반 사라이는 중동이나 페르시아에도 있었으며, 북아프리카에도 사막의 한 가운데 이러한 공간들이 존재하였다. 그러나 이를 보다 중앙아시아에 적용시켜 발전시킨 것은 아미르 티무르의 작품이다. 지금은 비록 파괴되었지만 현재의 우즈베키스탄 허허벌판에는 카라반 사라이의 흔적이 남아있다. 도시가 아닌 길에 이것을 만들기 위해서는 무엇보다 물이 필요하다. 낙타와 말에게 그리고 상인들에게 충분한 물을 제공하여 목욕까지 할 수 있도록 하려면 사막에서 물을 만들어야 한다. 아미르 티무르는 사막에서 물줄기를 뽑았다. 아무다리야강으로부터 작은 운하를 만들어 실크로드 길 위의 카라반 사라이까지 물을 공급하도록 만들었다. 따뜻한 물로 목욕을 하고 긴 잠을 자고 난후 낮에는 상인들끼리 모여 상품을 전시하고 흥정을 하였다. 그리고 실크로드와 유라시아 전체에 떠도는 다양한 정보들이 공유되었다.

카라반 사라이는 군사적으로도 활용되었다.

더 넓은 유라시아대륙을 따라 파발꾼들이 카라반 사라이를 중심으로 정보를 전하였으며 이곳에 체류하는 상인들을 통해 각 지역의 정보가 아미르 티무르에게 실시간으로 전달되었다.

아미르 티무르는 기존의 몽골제국식 역참제를 계승 발전시켰다.

아미르 티무르가 공식적으로 파견한 사신은 모자에 빨간 깃을 달아서 표시를 했다. 이 사람을 만나는 자들은 최대한 그를 도와야만 했다. 만약에 그들의 말이 지쳤으면 옆에 있는 어느 누구의 말과 바꾸어 달릴 수 있었다. 평범한 사람들은 물론 귀족들도 그렇게 해야만 했다. 그렇지 않으면 목숨을 잃을 수 있었다.

아미르 티무르는 이렇듯 인적인 정보 네트워크를 만들었을 뿐만 아니라 인프라 개선에도 주력하였다. 주요 도로와 대상들의 길을 항상 관찰하였다. 그리고 이를 정리정돈이 잘 된 모습을 유지하도록 지원하였다. 길에 있는 돌들을 치웠으며 곳곳에 파인 곳을 수리하도록 하였다. 모래 바람이 이는 사막에서도 이러한 모습을 유지하는데 많은 공력을 기울이게 하였다. 필요하면 다리를 건설하였으며 기존의 다리는 항상 점검을 하였다. 그리고 길의 중간 중간에 일정한 간격으로 길을 지키는 위병소를 설치했다.

결과적으로 카라반 사라이를 비롯해 아미르 티무르에 의해 사막에 조성된 실크로드 인프라는 새로운 개념의 세상이 가능하도록 만들었다.

"중앙아시아의 실크로드에는 돈만 들고 가면 된다."

낙타에 물건을 가득 싣고 호위병들을 붙여 긴장 속에 지나가는 실크로드는 무겁고 무서운 여정이 될 수밖에 없었다. 그러나 짐을 가볍게 하고 주머니에 가득 돈만 넣어서 카라반 사라이를 찾으면 유라시아 전체를 살 수 있었다. 희귀한 물건과 알지 못했던 정보들이 모두 그곳에 있었기 때문이다. 현대의 비즈니스맨들이 간단히 서류와 옷가지만 챙겨서 출장을 가듯이 14세기 중앙아시아의 실크로드에도 이와 유사한 장면이 연출되었다.

이처럼 실크로드를 따라 조성된 카라반 사라이는 카라반들에게 먹는 문제를 해결해 주는 동시에 즐거운 여정을 만들어 주었다. 사막에서 물이 없어 고통스러운 경험을 하거나 메마른 육포를 씹으며 허기를 달래는 원시적이고 힘든 여정은 아미르 티무르 시대에 사라졌다.

실크로드 여정에서 먹는 문제와 신변 보호의 문제가 해결되었기 때문에 더 많은 카라반들이 꿈을 싣고 이 길을 왕래할 수 있었다. 그래서 대륙 전체에 카라반들이 늘어났으며 무역량 역시 증가할 수밖에 없었다. 이러한 변화를 통해 대륙은 점점 더 가까워졌다. 정신적으로 부담스러웠던 실크로드의 거리가 좁혀졌으며, 이로 인해 늘어난 카라반들을 통해 대륙에 존재하는 보다 다양한 상품과 정보가 거래되었다. 궁극적으로 자신이 가지고자 하는 상품과 정보는 카라반 사라이에 있었기 때문에 가볍게 돈만 들고 가면 이 모든 것이 해결되었던 시대가 아미르 티무르의 통치기간이었다.

박물관은 제국만이 만들 수 있었다.

현재 세계 대 박물관인 대영박물관, 루브르박물관, 메트로폴리탄 박물관, 에르미타쉬 박물관의 공통점은 위의 박물관이 존재하는 영국, 프랑스, 미국, 러시아가 모두 제국을 이루었다는데 있다. 이와 같은 근대 제국주의 국가들은 약소국들을 침략하고 지배하면서 그 속에 존재하였던 위대한 유물들을 강제로 찬탈하였으며 엄청난 부의 축적을 통해 가치 있는 인류의 유산들을 사들였다. 그리고 하나의 공간에 그것을 전시하였다.

제국의 박물관은 곧 세계를 의미하였으며 이것은 지구를 가볍게 만들어 주었다.

사마르칸트!

도시 자체가 14세기 세계를 모아놓은 박물관이었다.

아미르 티무르는 대륙을 지배하면서 당대의 첨단 과학기술, 희귀한 문헌들, 전문가 집단 등을 사마르칸트로 가지고 갔다. 동시대에 인류가 가지고 싶어 했던, 보고 싶어 했던, 그리고 만들고 싶어 했던 귀중한 것들이 그곳에 있었다.

전 세계 모든 무슬림들이 가지고 싶어 했던 그리고 보고 싶어 하는 것이 현재 타슈켄트에 있다. 이름하여 '오스만 코란(=꾸란, 꾸르안)'이다. 현존하는 최고 권위의 코란 정본이다.

국내 이슬람과 동서양교섭사의 권위자인 정수일은 『실크로드 문명기행』에서 다음과 같이 오스만 코란의 의미를 분석하였다.

"원래 〈꾸르안〉은 교조 무함마드에게 내린 토막 계시들의 모음책이다. 그의 사후 1대 칼리파인 아부 바크르 시대 처음으로 계시들을 한데 묶어 첫 남본藍本을 만들고, 2대 칼리파 오마르를 거쳐 3대 오스만 시대(644~656)에 이르러 그 남본에 준해 경전의 결정판을 완성했다. 바로 이것이 오스만 정본이다. 오스만은 정본을 4부씩 필사

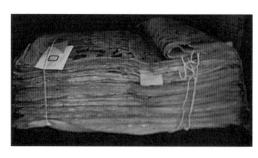

오스만 꾸르안(코란)

해 터키 이스탄불과 이집트의 카이로, 사우디아라비아의 메디나, 이
라크 바스라에 각각 보관토록 했다. 그 후 이 보물은 권력자들의 기
호나 정략적 수요에 따라 이리저리 떠돌아다닌다. 14세기 후반 중앙
아시아의 패자 티무르는 이라크를 정복하면서 바스라에서 정본을 전
리품으로 가져와 애첩을 위해 세운 사마르칸드 비비하눔 사원에 보
관케 했다. 지금도 비비하눔 사원의 안뜰에는 이 정본을 전시했던 커
다란 대리석 전시대가 남아 있다. 그 뒤 정본은 1869년 러시아 정복
자인 카우프만 장군에 의해 상트페테르부르크의 에르미타쉬 박물관
으로 실어갔다가, 러시아 혁명 뒤 무슬림 밀집도가 가장 높은 타타르
스탄의 수도 우파를 거쳐 타슈켄트의 쿠켈다슈 마드라사로, 또 다시
이곳의 레닌역사박물관으로 이관된다. 그러다 우즈베키스탄 독립 직
전인 1989년 지금 장소로 옮겨졌다. 일부가 소실된 정본은 338쪽 분
량이다. 누르스름한 얇은 사슴가죽에 나무 펜으로 나무액을 사용해
글씨를 썼다고 한다. 이맘 카림라의 말에 따르면 도서관에는 교조 무
함마드의 머리카락도 보관되어 있는데, 자신도 본적은 없다고 한다."

아미르 티무르는 정복한 지역의 전문가 집단을 사마르칸트로 강제
이주시켰으며 이들을 적극적으로 지원하여 당대의 첨단기술을 중심
으로 사마르칸트의 위대한 건축물을 만들었다. 인류가 만들고 싶어
했던 건축물은 모두 사마르칸트에 있었으며 동시대의 과학과 기술을

알려면 사마르칸트를 찾아야만 했다.

제국주의가 인류의 역사에 자행한 부정적인 측면은 긍정적인 측면보다 훨씬 많다. 그들이 자랑스럽게 만들었던 축소된 세계인 박물관은 유물의 원래 소유 국가들에게 그리고 당사자들에게 엄청난 희생을 강요하였던 약탈의 산물이다. 우리 자신에게도 아픈 과거가 있기 때문에 더욱 그러하다.

아미르 티무르 역시 이러한 비판에서 자유로울 수는 없다. 그러나 근대의 제국주의 국가들이 이유 없이 약탈로 만들어낸 박물관과는 달리 그가 만든 사마르칸트라는 박물관은 당대의 가치 있는 대륙의 보물들을 모아서 후대 대륙의 발전에 이바지하였다는 차이점을 가진다. 특히 균열의 시대에 사라질 수 있었던 그리고 방치되었던 무형의 보물들이 사마르칸트에서 보존되었다는 것은 역설적이게도 매우 중요한 의미를 가진다고 볼 수 있다.

퓨전Fusion 월드: 인류의 유산을 하나로 만들다

퓨전이란 여러 것이 모여 또 다른 하나를 만들지만 모든 대상들이 그것을 위해 희생하는 것이 아니라 모든 대상이 가지는 각각의 가치가 살아있어야 하는 것을 의미한다.

히바의 한 건축물은 '불새 조각 아래에 불상을 세우고 그 위에서 코란을 읽는다'라는 의미를 담고 있다. 이것은 무엇을 의미하는가?

불새는 조로아스터교의 수호신인 시무르그Simurgh를 의미한다. 조로아스터교가 히바에서 번창하면서 세워진 건축물은 후대의 종교인 불교 사원이 되었다. 그러나 후대의 종교는 불새를 파괴하지 않았다. 단지 그 위에 불상을 세우는데 그쳤다. 그리고 이슬람이 전파되면서 이 건축물은 이슬람 사원으로 변신하였다. 그러나 이때에도 불새와 불상이 놓였던 자리는 파괴되지 않았다.

하나의 건축물이 위대한 3개의 종교를 품고 있다.

이것이 소통이고 화합이다.

하나를 위해 모든 것이 파괴되는 것이 아니라 모든 대상을 살려 하나를 빛나게 만드는 것이 소통과 화합의 힘이다.

아미르 티무르와 그의 직계후손들 그리고 그의 정신적 지주였던 사이드 바라카가 묻혀 있는 구르 에미르를 방문하면 행자의 눈길을 끄는 것이 있다. 입구 맞은 편에 긴 나무 막대가 서 있는데 그 끝에 무엇인가가 달려있다. 나무 막대가 너무 길어서 보이지는 않지만 자세히 보면 말총임을 알 수 있다. 안내인에게 물어보면 말총이라고 대답해 준다. 이것은 몽골제국의 전통인 영기靈旗이다. 이것은 술데라고도 부르며 몽골어로는 '토크'라고 한다.

저명한 칭기즈칸 연구가인 잭 웨드포드Jack Weatherford는 영기에 대해서 다음과 같이 적고 있다.

구르 에미르에 달려 있는 영기

낙쉬반드 영묘에 있는 영기

가장 훌륭한 종마의 말총을 창날 바로 아래 묶어서 만들었다. 병사
는 설영設營을 할 때마다 영원한 안내자인 영기를 입구 밖에 세워 놓
았다. 이 기는 병사의 정체를 밝히는 역할을 하였다.…. 병사와 영기는
서로 뗄 수 없이 얽혀 있어 병사가 죽어도 그 영은 말총에서 영원히
산다고 했다…… 몽골인들은 그가(칭기즈칸) 죽은 후에도 수백 년 동
안 그의 영혼이 깃든 깃발을 숭배했다.

그런데 이슬람은 우상숭배를 금지하므로 말총은 절대로 사용할 수
없다. 그러나 이슬람 건축물의 무슬림 지배자 무덤에 말총이 달려있
다. 이것이 몽골인들이 숭배하는 영기라면 더욱 놀라운 사실이 된다.

1. 시르도르 메드레세
2. 나지라 지반베기 메드레세

264

이와 관련된 문헌은 어디서도 찾지 못했다. 단지 안내인의 이야기와 칭기즈칸의 영기 이야기를 통해서만 확인된 것이다. 신을 찾는 수피즘을 장려하며 더욱 순수한 이슬람을 추구하였던 아미르 티무르의 무덤에 영기가 있다는 것은 이해할 수 없다. 스탈린이 몽골을 침략하면서 먼저 칭기즈칸의 영기를 강제로 찬탈하였다고 잭 웨드포드는 적고 있다. 그런데 사마르칸트에 구르 에미르로 고고학자들을 보내서 아미르 티무르 관을 열게 했던 스탈린이 영기를 가져갔다는 내용은 발견되지 않는다.

스스로 이해해야만 한다.

이것이 정말 영기라면 아미르 티무르의 의도는 무엇인가? 그는 진정한 무슬림이기를 누구보다도 원했던 사람이다. 그의 저서에 이러한 내용은 군데군데 나타난다. 영기의 기능은 전쟁에서 그 역할을 가진다. 죽은 지배자나 지도자의 기를 받기 위해서 후대의 병사들이 그의 영기를 전장에 가져간 것처럼 아미르 티무르의 영기가 활용되었는지 아니면 아미르 티무르가 자신의 영기를 가지고 전장에 나갔는지 둘 중에 하나일 것이다. 아미르 티무르가 영기를 사용하였다면 그것은 고도의 전략에서 출발한다. 유라시아의 다양한 주민들과 집단 그리고 국가들은 칭기즈칸의 공포를 머릿속에서 지울 수 없었다. 그는 죽었으나 그의 영기가 초원의 바람에 흔들리는 것만으로도 두려움은 배가되었다. 아미르 티무르는 전쟁에 승리를 위해 과감하게 몽골식 영기를 활용하였다. 그의 명성이 대륙에 퍼지면 퍼질수록 이슬람 병사의 손마다 들려 있는 영기는 공포의 대상이 되어갔다. 새로운 이슬람 세상을 만들기 위해 성전을 시도하는 아미르 티무르 군대의 무모할 만큼 강력한 공격에다 칭기즈칸의 영기와 같은 몽골제국 푸른군대의 그림자가 붙어 다니면 적들은 공포를 느끼기에 충분하였다.

구르 에미르에 있는 영기 역시 소통과 화합의 상징이다. 놀라운 것은 아미르 티무르와 동시대인이자 당대 최고의 수피교단을 이끌었던 낙쉬반드의 영묘에도 영기가 걸려 있다. 이 영묘를 지키는 무슬림들은 이것을 몽골의 전통에 해당하는 영기가 아니라고 한다. 아미르 티무르와 달리 몽골의 영향이 전혀 없는 낙쉬반디의 영묘에 영기가 있다는 것은 상당히 어울리지 않는다. 그렇다면 구르 에미르의 영기와 너무나도 유사한 모양의 이것을 어떻게 해석해야 할까? 근본적으로 구르 에미르의 영기조차도 몽골의 전통적인 '술데'가 아니라고 할 수도 있다. 분명한 것은 소통과 화합이다.

좀 더 명확한 연구를 해야 하겠지만 몽골제국 이후의 이슬람 지도자 영묘에 영기가 존재하는 것은 분명하다. 칭기즈칸의 군사적 공포가 남아 있는 영기를 이슬람에서 다른 의미로 영기를 사용할 수도 있었을 것이다. 이슬람의 위엄과 숭고함이 영원히 존재하기를 바라는 마음에서 이슬람의 지도자 영묘에 영기를 이슬람적 의미로 활용하였다고 여겨진다. 결과적으로 인류의 유산을 하나로 만든 것임에는 틀림없다.

새로운 하나를 위해 기존의 것을 버리는 것이 아니라 그것을 잘 활용하여 새로운 의미를 부여하고 그 새로운 것을 보다 돋보이게 하는 것이 바로 소통과 화합이다.

이처럼 중앙아시아 문명에서 전통적으로 내려오는 소통과 화합의 의미를 아미르 티무르는 잘 이해하였으며 이를 후대에도 물려주었다.

사마르칸트에는 3개의 신학교로 구성된 중앙아시아 최대의 유적이 있다. 바로 레기스탄이다. 레기스탄을 바라보면서 오른쪽에 있는 신학교가 세르도르 메드레세Sher-Dor Madrassah이다. '용맹한 사자'라는 의미를 가지는 이 신학교 벽면에는 놀랍게도 아기 가젤을 쫓는 사자처럼 생긴 호랑이와 떠오르는 태양 속에 사람의 얼굴이 그려져 있다. 1619~1636년에 완공된 이 건축물은 티무르제국 이후 중앙아시아를 지배한 우즈베크족의 샤이바니왕조의 통치자 알친 얄란투쉬 바하두르Alchin Yalantush Bahadur에 의해 만들어졌다. 여기서도 소통과 화합의 세계가 나타난다. 이슬람의 건축물은 우상 숭배를 배척하는 종교적 전통 때문에 동물이나 사람이 건축에 활용될 수 없다. 따라서 이슬람 건축 전문가들은 가젤, 사자처럼 생긴 호랑이, 그리고 사람이 건축물에서 어떠한 의미를 가지는지를 분석하였다. 현재까지 다수설은 몽골의 모티프에서 찾고 있다. 샤이바니왕조 역시 통치자 그룹은 아미르 티무르와 같은 몽골의 후예들이었다. 그들은 티무르제국을 계승하여 중앙아시아의 새로운 패자가 되면서 자신의 존재를 알리고자 했다. 이러한 정치적 의미를 그들은 이슬람 신학교 건축물에 새겨놓았다.

부하라에도 이와 유사한 신학교 '나지라 지반베기 메드레세'가 있다. 1622년 나지라 지반베기에 의해 건설된 이 신학교 건축물에도 이슬람의 우상숭배에 반하는 두 마리의 봉황이 태양을 향해 날아가는 모습과 태양 속에 사람의 얼굴이 그려져 있다. 여기서 봉황은 조로아스터교의 시무르그를 의미한다. 이처럼 이슬람 속에 몽골의 모티프와 조로아스터교를 녹아내린 소통과 화합의 세계가 아미르 티무르가 만들고자 했던 세상이었다.

영원한 제국은 존재하지 않는다

베아트리체 만츠 교수는 다음과 같이 주장하고 있다.

"14세기 말 아미르 티무르의 오스만제국 침략은 실크로드 복원을 통한 유럽과 아시아간의 국제무역을 활성화시키는데 그 목적이 있었다. 앙카라 전투를 통해 아미르 티무르의 명성은 전 유럽으로 알려졌으며 당시의 유럽인들은 이교도 이슬람으로부터 자신들을 구한 아미르 티무르를 의지력의 상징으로 인식했다."

아미르 티무르는 유럽을 풍전등화의 상태로 몰아가는 같은 이슬람 국가인 오스만제국을 무자비하게 공격하여 몽골제국의 쇠망기에 닫혔던 실크로드를 다시 부활시켰다. 즉, 유럽은 아미르 티무르 덕분에 목숨을 유지할 수 있었고, 그는 실크로드의 부활과 소통이라는 위대한 업적을 달성할 수 있었다.

　서유럽 사람들은 아미르 티무르로 인해 몽골제국 이후 사라졌던 아시아의 진귀한 물건들을 만날 수 있었다. 실크로드를 차단하였던 오스만제국이 무너지고 실크로드가 부활했기 때문이다. 결과적으로 서유럽인들은 아미르 티무르에게 두 번의 은혜를 입었다. 그러나 아미르 티무르가 부활시킨 실크로드는 그의 제국이 무너지면서 다시 차단되고 말았다. 오스만제국이 다시금 과거의 세력을 회복하여 유럽을 압박했기 때문이다. 아미르 티무르와 달리 이 제국은 유럽과 아시아로 연결하는 유일한 국제무역로인 실크로드를 막아버리고 말았다. 유럽은 아시아로 가는 다른 무역로를 찾아야만 했다. 포르투갈, 에스파냐가 먼저 출발하였다. 아시아에서 가져온 나침반과 화약을 통해 그들은 인도를 찾아 떠났다. 그러나 그들이 도착한 곳에 인도는 없었고 신대륙이 발견되었다. 이후 마젤란의 세계 일주는 유럽 각국들에게 새로운 세계를 보는 동기를 제공하였다. 오스만제국의 실크로드 차단은 서유럽에게 결과적으로 새로운 발전 동력을 제공하였으며 유라시아대륙에 불행을 주었다. 해양로를 개척한 서유럽은 제국주의적 무역 구조를 통해 급성장하게 되었지만, 고인 물이 썩듯이 소통되지 못한 실크로드에 접한 유라시아 국가들은 중세적 후진성을 벗어나지 못하였다. 여기서 아미르 티무르의 전략을 제대로 활용한 영국은 대영제국으로 성장하여 해가 지지 않는 초강대국을 만들었던 것이다. 비록 대륙은 아니지만 대륙보다 넓은 바다를 지배한 영국은 미국이 부상하기 전까지 초강대국의 지위를 유지하였다.

세계는 2차 대전 이후 미소냉전의 체제로 변화되었다. 미국과 소련은 세계를 양분하면서 자신들만의 제국을 건설하고 있었다. 이들 역시 제국의 전략을 연구하였다. 소련과 미국은 각각 칭기즈칸의 몽골제국과 대영제국을 벤치마킹 하였다. 일본의 학자 야쿠시지 타이조는 자신의 저서 『테크노 헤게모니』에서 팍스 소비에티카의 원천 전략으로 몽골제국의 통치방식을 언급하였다. 미국은 대영제국의 세계재패와 통치 전략을 연구하는데 집중하였다. 특히 눈길을 끈 것은 명저 『강대국의 흥망성쇠The Rise and Fall of Great Power』를 저술한 '대영제국사' 전문가인 영국학자 폴 케네디Paul Kennedy를 1983년 미국의 예일대학교로 스카우트한 사실이다. 당시에 미국은 대제국을 꿈꿀 만큼 튼튼한 인프라와 조건을 구비하고 있었다. 무엇보다 과거의 대제국들이 위대한 업적과 상관없이 허무하게 멸망하는 전철을 밟고 싶지 않았다. 따라서 이것에 대한 해답을 폴 케네디가 제시해 주리라 믿었다. 그는 대영제국의 흥망성쇠가 어떠한 메커니즘으로 발생하였는지 밝혀냈으며 이를 바탕으로 미국이 대제국으로 성장하는데 필요한 전략들이 무엇인지를 알려주었다. 이처럼 다르게 시작된 제국의 전략 연구는 20세기 말에 결판이 났다. 소련은 붕괴되어 지구상에서 사라졌으며 미국은 지구상 유일의 초강대국으로 탈바꿈하였다.

티무르제국-대영제국-미제국으로 이어지는 초강대국의 전략 코드는 어느 정도 인정해야 할 것이다. 역사가 증명하기 때문이다. 그러나 언젠가 미국이라는 거대한 제국이 무너질 수도 있다. 그러나 현재까지 그들만의 전략 코드를 가지고 있는 미국은 여전히 건재하다. 역사는 지금까지 영원한 제국을 허락하지 않았다. 그러나 제국의 전략을 진화시켜 새롭게 등장하는 국가에게 끊임없는 기회를 제공하고 있다. 지구상의 모든 국가는 이류 국가에서 출발하여 강대국으로 그리고 초강대국으로 성장하는 것을 꿈꾼다. 그러나 역사상 초강대국으로 성장한 국가는 열 손가락도 남을 만큼 그 수가 적었다. 그리고 중요한 것은 대영제국이 찬미한 한 사람의 전략이 현재 미국에도 존재하고 있다는 사실이다.

아미르 티무르Amir Temur ibn Amir Taragai ibn Amir Barkul (1336~1405)

1336	4월 8일 케쉬(지금의 우즈베키스탄 샤흐리사브스)부근의 일리가르에서 타라가이 바를라스와 테키네 호툰 사이에서 탄생함
1343	카르쉬로 유학을 떠나 5년 동안 하지 알림에게서 수학함
1347	투글룩 티무르가 모골리스탄의 칸으로 등극함
1350	사마르칸트에서 개최된 쿠릴타이에서 트란스옥시아나의 최고통치자인 카자간과 동지이자 운명의 숙적이 될 미르 후세인을 만난 게 됨
1354	카자간의 수행비서로 활동함
1355	나르미쉬 아가를 첫 번째 부인으로 맞이함
	칭기즈칸의 혈통을 가진 카자간의 손녀이자 미르 후세인의 누나인 울자리 투르칸 아가를 두 번째 부인으로 맞이함
1356	나르미쉬 아가가 장남인 무함마드 자항기르를 출산함
	울자리 투르칸 아가가 둘째 아들인 오마르 세이흐를 출산함
1358	카자간 살해당함
1360	쉬비르간의 통치자가 됨
	투글룩 티무르가 트란스옥시아나로 1차 침략을 단행함
	케쉬의 통치자이자 삼촌인 하지 바를라스가 도주함
	아미르 티무르는 그에게 충성을 맹세하여 케쉬의 대리통치인이 됨
1361	삼촌인 하지 바를라스가 케쉬로 돌아와서 아미르 티무르를 감금함
	투글룩 티무르 트란스옥시아나로 2차 침략을 단행함
	하지 바를라스 살해당함
	아미르 티무르의 부친인 타라가이 바를라스가 사망함
	투글룩 티무르의 아들인 일리야스 호자가 트란스옥시아나의 통치인으로 등극함
	아미르 티무르 미르 후세인과 연합하여 저항하다가 호레즘으로 탈출함

1362	지금의 투르메니스탄에 위치하는 메르브에서 투르크멘 지도자 알리벡에게 체포를 당해 외양간에 감금당함
	알리벡으로부터 풀려나 사마르칸트로 잠입함
1363	세이스탄의 통치자 말릭 마흐무드의 권유로 그곳에서 전투를 하다가 오른팔과 오른쪽 다리에 화살을 맞고 절름발이가 됨
	세이스탄에서 명성을 떨친 후 미르 후세인과 연합하여 일리야스 호자와 전투를 함
	일리야스 호자가 투글룩 티무르의 사망소식을 듣고 떠나면서 사마르칸트를 다시 찾게 됨
	일리야스 호자 모골리스탄에서 추방당함
1365	아미르 티무르는 다시 권좌를 잡은 일리야스 호자가 트란스옥시아나를 침략하자 미르후세인과 연합하여 '진흙탕 전투'를 치름
	미르 후세인과 헤어져 방랑을 하게 됨
	사마르칸트에서 사르바도르의 강력한 저항으로 인해 결국 일리야스 호자가 트란스옥시아나를 철수함
1366	두 번째 부인인 울자리 투르칸 아가가 사망함
	사르바도르 지도자들을 제거하고 사마르칸트를 다시 찾게 됨
	동지인 미르 후세인과의 관계가 깨어짐
	셋째 아들인 미란 샤흐가 출생함
1368	미르 후세인과 평화조약을 체결함
	중국에서 명이 창건됨
1369	미르 후세인이 조약을 파기하여 충돌이 발생함
1370	발흐에서 미르 후세인을 무찌르고 트란스옥시아나의 최고통치자가 됨
	사로이 물크 호툰을 세 번째 부인으로 맞이함
	발흐에서 국가를 선포하고 사마르칸트를 수도로 결정함
1371	모골리스탄으로 1차 원정을 떠남
1372	모골리스탄으로 2차 원정을 떠남
	호레즘으로 1차 원정을 떠남

274

1373	후세인 수피 사망하고 그의 아들인 유수프 수피 등극하면서 아미르 티무르에게 항복을 선언함
1374	남부 호레즘을 복속시킴
	장남인 무함마드 자항기르가 유수프 수피의 딸인 한자데를 부인으로 맞이함
1375	모골리스탄으로 3차 원정을 떠남
	장남인 무함마드 자항기르 전투에서 사망함
	딜쇼드 아가를 네 번째 부인으로 맞이함
1376	무하마드 자항기르의 유복자인 무함마드 술탄이 출생함
	호레즘으로 3차 원정을 떠남
	모골리스탄으로 4차 원정을 떠남
	무하마드 자항기르의 유복자인 삐르 무함마드 출생함
	모골리스탄으로 5차 원정을 떠남
	톡타미시가 아미르 티무르를 찾아와서 지원을 요청함
	톡타미시와 함께 백호르드를 원정을 떠남
	아미르 티무르가 원정하는 동안 유수프 수피가 부하라를 침략함
1377	아미르 티무르 사마르칸트로 돌아와서 유수프 수피에게 항의사절단을 파견함
	넷째 아들인 샤흐 루흐 출생함
1378	아미르 티무르의 지원으로 톡타미시가 백호르드의 왕좌로 복귀함
1379	호레즘으로 4차 원정을 떠나 유수프 수피를 무찌르고 호레즘 전역을 통합시킴
1380	케쉬에 오크 사로이White Place를 건축함
	모스크바 공국의 드미트리 돈스코이가 마마이가 지휘하는 청호르드 군대를 쿨리코보평원에서 물리침
	톡타미시가 무너져가는 청호르드를 차지함
1381	헤라트를 정복함
1382	청호르드를 차지한 톡타미시가 모스크바를 침략하여 다시 금호르드를 부활시킴
1383	호라산을 통합시킴

1402	아나톨리로 진입하여 오스만제국과 일전을 준비함
	7월 28일 오스만제국과 앙카라 전투를 시작함
1403	보야지드, 무함마드 술탄, 사이드 바라카 사망함
1404	클라비오 사마르칸트를 방문하여 아미르 티무르를 알현함
	명을 침략하기 위해 원정을 떠남
1405	오트라르에서 병에 걸려 생을 마감함

14세기 세계사의 주요 사건들

1306년	원나라와 차카타이칸국에 의해서 오고타이칸국이 멸망했다.
1308년	고려의 25대왕 충렬왕이 세상을 떠났다.
1333년	일본 가마쿠라 막부가 멸망했다.
1335년	일칸국이 멸망했다.
1336년	일본에서 무로마치 시대가 시작되었다. 중앙아시아에서 티무르가 태어났다.
1339년	고려의 27대왕 충숙왕이 세상을 떠났다.
1344년	고려의 28대왕 충혜왕이 세상을 떠났다.
1351년	공민왕이 고려의 왕에 올랐다. 홍건적의 난이 발생했다.
1359년	홍건적이 고려에 침입하여 서경을 함락시켰다. 왜구가 예성강에 침입했다.
1361년	홍건적이 개경을 침입했다.
1363년	문익점이 원에서 목화씨를 가져왔다.
1368년	주원장, 원나라를 멸망시키고 한족漢族의 왕조 명나라를 건국했다.
1370년	티무르가 티무르 제국을 건국했다.
1377년	현존하는 가장 오래된 금속활자 인쇄물인 『직지심체요절』의 초판본이 인쇄되었다. 최무선이 화약을 발명했다. 화통도감이 설치되었다.
1388년	이성계에 의해서 위화도 회군이 이루어졌다.
1389년	박위가 왜구의 근거지인 쓰시마 섬을 정벌했다.
1392년	위화도 회군 이후 권력을 잡은 이성계가 고려의 왕으로 등극했다.
1393년	이성계가 국호를 조선으로 고치고 한양으로 천도했다
1394년	정도전이 『조선경국전』을 편찬했다.
1401년	태종이 조선의 왕위에 올랐다.

서양사 연표

1295년   마르코 폴로가 베네치아로 돌아왔다.

1299년   오스만 1세에 의해서 오스만제국이 설립되었다.

1309~1377년 아비뇽 유수. 이탈리아에서 전쟁이 일어나자 로마의 신부들은 프랑스 남부로 가서 대분열(로마 가톨릭 교회의 교황 계승을 둘러싼 분열, 1378~1417)이 일어나기까지 머물게 되었다.

1337~1453년 잉글랜드와 프랑스의 100년 전쟁

1338년   에드워드 3세는 자신을 프랑스의 왕으로 칭했다.

1341년   영국의 의회가 상·하원으로 나누어졌다.

1347년   아시아에 흑사병이 출현하였고 이것은 콘스탄티노플, 로도스, 키프러스, 시칠리아, 베네치아, 제노바, 마르세이유로 퍼져나갔다. 그리고 일 년 뒤에 흑사병은 이탈리아와 잉글랜드를 초토화시켰고, 1350년대 초에 북구에도 나타나게 되었다.

1348년   유럽 최초의 종이 공장이 프랑스에 세워졌다.

1378~1417년 로마 가톨릭 교회의 대분열. 약 삼십 년 동안 두 명의 교황이 존재하게 되었다.

1381년   와트 타일러가 무거운 세금에 반대하며 농민 반란을 일으켰다.

1386년   독일에서 가장 오래된 대학교인 하이델베르크 대학교를 루프레흐트 1세에 의해서 설립되었다.

1389년   코소보 전투에서 오스만제국의 무라트 1세가 세르비아의 왕자 라자르가 지휘하는 유럽 연합군을 격퇴시켰다.

1396년   니코폴스크 전투에서 보야지드 1세가 유럽의 십자군을 격파했다.

1399년   헨리 4세가 잉글랜드의 왕위에 올랐다. 그는 1413년까지 왕위를 지켰다.

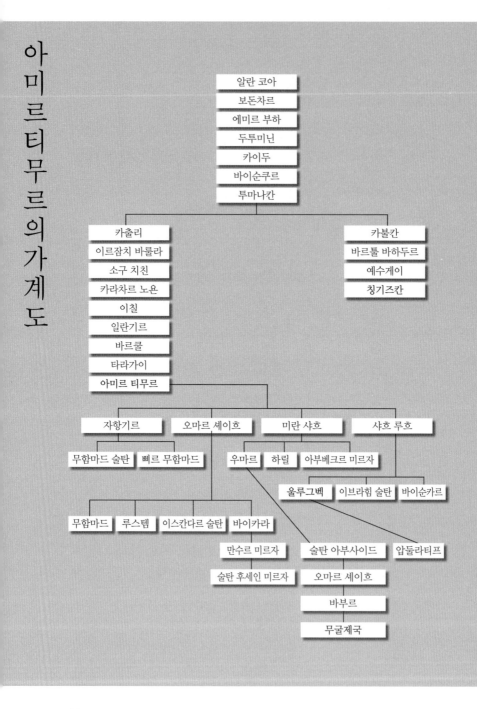

아미르 티무르의 가계도

인명 색인 (가나다 순)

❋ 참고문헌

- 데니스 웨프먼, 한영탁 옮김 (1993).『인물로 읽는 세계사: 티무르』. 서울: 대현출판사.

- 룩 콴텐, 송기중 옮김 (1988).『유목민족제국사』. 서울: 민음사.

- 르네 그루쎄, 김호동 외 옮김 (1998).『유라시아 유목제국사』. 서울: 사계절.

- 리처드 L. 데프트 외, 백기복 외 옮김 (2003).『퓨전 리더십』. 서울: 한언출판사.

- 버나드 루이스, 김호동 옮김 (1994).『이슬람문명사』. 서울: 이론과실천.

- 사희만 (1993). 「무슬림 아랍인의 이름에 나타난 형태 구조와 의미 분석」.『한국중동학회 논총』. 제14권. pp. 337-356.

- 새뮤얼 헌팅턴, 이희재 옮김 (1997).『문명의 충돌』. 서울: 김영사

- 『아미르 티무르의 저주 1-5(Proklyatie Temerlana 1-5)』. 2007. 러시아채널 방송.

- 야쿠시지 타이조, 강박광 옮김 (2002).『테크노 헤게모니』. 서울: 겸지사.

- 윌리엄 더건, 박희라 옮김(2006).『위대한 전략가의 조건』. 서울: 전자신문사.

- 이븐 바투타, 정수일 옮김 (2001).『이븐 바투타 여행기』. 서울: 창비.

- 이주엽 (2004). 「16세기 중앙아시아 지배계층의 몽골제국 계승성 연구: 우즈벡, 카자흐칸 국과 무굴제국의 지배계층을 중심으로」.『중앙아시아연구』. 제9권. pp. 67-105.

- 자크 아탈리, 양영란 옮김 (2007).『미래의 물결』. 서울: 위즈덤하우스.

- 전은선, (2008). 「대륙으로 이어지는 직행티켓 '한중 해저터널'」.『기업나라』. 6월호. pp. 104-107.

- 정수일 (2006).『실크로드 문명기행: 오아시스로 편』. 서울: 한겨레출판.

- 즈비그뉴 브레진스키, 김명섭 옮김 (2000).『거대한 체스판』. 서울: 삼인.

- 폴 케네디, 이왈수 외 옮김 (1997).『강대국의 흥망』. 서울: 한국경제신문사.

- 핼포드 맥킨더, 이병희 옮김 (2004).『민주주의의 이상과 현실』. 충남: 공주대학교출판부.

- 한겨레신문. 2003. 03. 01

- 경향신문. 2007. 03. 20

- 부산일보. 2007. 04. 30

- 한국일보. 2008. 01. 16.

- 세계일보. 2008. 04. 07

- A. Ibn Arabshah, J. H. Sanders, trans. (1936). 『Tamerlane』.

- Askarov, Shukur (2009). 『Temurid Architecture』. Tashkent.

- Blair, Shiela & Bloom, Jonathan(1994). 『The Art & Architecture of Islam 1250-1800』. New Haven: Yale University Press.

- Borodina, Iraida(1987). 『Central Asia. Gems of 9th-19th century architecture』. Moscow: Planeta publishers.

- Bulatova V. & Shishkina N.(1986). 『Samarkand: a museum in the open』. Tashkent.

- Craig, Simon (2002). 『Battle of Ankara: Collision of Empires』. Military History

- E.A. Polyakova & E.A. Poliakova (1988). 「Timur as Described by the 15th Century Court Historiographers」. 『Iranian Studies』, Vol. 21, No. 1/2, pp. 31-44

- Edgar Knobloch(2001). 『Monuments of Central Asia』. London: I.B. Tauris Publishers.

- Fischel, Walter Joseph (1952). 『Ibn Khaldun and Tamerlane: Their Historic Meeting in Damascus, A.D. 1401 (803 A.H.). A study based on Arabic Manuscripts of Ibn Khaldun's "Autobiography," with a translation into English, and a commentary』. Berkeley and Los Angeles

- Foltz, Richard (1996). 「The Central Asian Naqshbandi Connections of the Mughal Emperors」. 『Journal of Islamic Studies』 Vol.7, No. 2, pp. 229-239

- Harold Lamb (1928). 『Tamerlane - the Earth Shaker』. McBride

- Heberle-Bors, Erwin. 1405: The neglected anniversary.(http://www.heberle-bors.net/essays/historical-essays)

- Islamic world in Encyclopedia Britannica

- John Darwin (2008). 『After Tamerlane: The Global History of Empire Since 1405』. Bloomsbury Publishing Plc

- K.Z. Ashrafyan (1999). 「Central Asia under Timur from 1370 to the early fifteenth century」. 『History of civilizations of Central Asia』, Volume IV Part 1. Ed. M.S.

- Asimov and C.E. Bosworth. New Delhi, India: Motilal Banarsidass Publishers, 1999

- Kremmer, Christopher (2002). 『The Carpet Wars: From Kabul to Baghdad: A Ten-Year Journey Along Ancient Trade Routes』. New York, NY: Ecco

- M.S. Asimov & C. E. Bosworth (1998). 『History of Civilizations of Central Asia』, UNESCO

Regional Office

- Manz, Beatrice Forbes (1988). 『Tamerlane and the Symbolism of Sovereignty』. Iranian Studies, Vol. 21, No. 1/2, pp. 105-122

- Manz, Beatrice Forbes (1998). 「Tem?r and the Problem of a Conqueror's Legacy」. 『Journal of the Royal Asiatic Society, Third Series』, Vol. 8, No. 1

- Manz, Beatrice Forbes (1999). 『The Rise and Rule of Tamerlane』. Cambridge University Press

- Manz, Beatrice Forbes (2002). 「Tamerlane's Career and Its Uses. Journal of World」. 『History』. Vol. 13, No. 1, pp. 1-25

- Marozzi, Justin (2006). 『Tamerlane: Sword of Islam, Conqueror of the World』. Da Capo Press

- Nicolle, David & McBridge, Angus (1990). 『The Age of Tamerlane』. Osprey Publishing.

- Ruy Gonzalez de Clavijo Clavijo, Guy Le Strange trans. (2004). 『Embassy to Tamerlane』, 1403-1406. NY: Routledge

- Stier, Roy (1998). 『Tamerlane: The Ultimate Warrior』. Book Partners

- Tertius Chandler(1987). 『Four Thousand Years of Urban Growth: An Historical Census』. St. David's University Press

- 『The Babur-Nama in English』. 1922. Luzac & Co

- 『The Islamic World to 1600: The Mongol Invasions (The Timurid Empire)』

- Vasilij Vladimirovi? Bartold (1956). 『Four studies on the history of Central Asia』. Brill Archive

- Ahmedov B. (1995). 『Amir Temur: Tarixiy roman (Maxsus muharrir: B. Omon)』. ? T.: Abdulla Qodiriy nomidagi xalq merosi nashriyoti, ? 640 b.

- Жан-Поль Ру (2008). 『Тамерлан』. ? М.: Молодая гвардия. ? 336 с.

- И. Муминов (1993). 『Роль и место Амира Тимура в истории Средней Азии』. Т.:

- Сергей Бородин (2008). 『Тамерлан』. ? СП.: Азбука-классика. ? 560 с.

- Тамерлан. 『Автобиография. Уложение』. (2006). Серия: Антология мудрости. ? М.: Эксмо. ? 512 с.

· Татьяна Семенова (2006). 『Тамерлан. Копье судьбы』. ? М.: Фаэтон. ? 640 с.

· 『Уложение Тимура』 (1992). ? Т.: Чулпон. ? 85 с.

· Шараф ад-Дин Али Йазди (2008). 『Зафар-наме』. ? Т.: San'at. ? 520 с.

· http://168.126.177.50/pub/docu/kr/AD/BF/ADBF2008WBO/ADBF-2008-WBO-001.
PDF

· http://dsal.uchicago.edu/reference/gazetteer/pager.html?objectid=DS405.1.I34_V02_401.
gif

· http://en.wikipedia.org/wiki/Fran%C3%A7ois_P%C3%A9tis_de_la_Croix

· http://en.wikipedia.org/wiki/Timur

· http://medieval2.heavengames.com/m2tw/history/faction_histories/faction_histories/
timurids/index.shtml

· http://orexca.com/shakhrisabz.shtml

· http://www.1st-art-gallery.com/Stanislaus-Von-Chlebowski/Sultan-Beyazid-As-A-
Prisoner-Of-Tamerlane-(timur).html

· http://www.chessvariants.com/large.dir/tamerlane2.html

· http://www.cpamedia.com/history/architecture_of_samarkand

· http://www.crwflags.com/fotw/flags/tr_imp.html#tam

· http://www.deremilitari.org/resources/sources/tamerlane.htm

· http://www.e-samarkand.narod.ru/legends.htm

· http://www.historyforkids.org/learn/india/history/delhi.htm

· http://www.h-net.org/~fisher/hst373/readings/tamerlane.html

· http://www.infinityfoundation.com/ECITZafarnamaframeset.htm

· http://www.jstor.org/pss/866154

· http://www.natcom.unesco.kz/turkestan/e10_mausoleum.htm

· http://www.opendemocracy.net/arts-europe_islam/article_982.jsp

· http://www.oxuscom.com/timursam.htm

· http://www.russianartgallery.org/famous/ver-tamerlane.htm

· http://www.sanat.orexca.com/eng/1-02/history_art3.shtml

· http://www.sanat.orexca.com/eng/2-06/amir_temur.shtml

참고문헌 **287**

개정판

아미르 티무르

닫힌 중앙아시아를 열고
세계를 소통시키다

초판 1쇄 | 2010년 12월 25일
개정판 1쇄 | 2024년 3월 25일

지은이 | 성동기
디자인 | 김진경
펴낸이 | 강완구
펴낸곳 | 도서출판 써네스트
출판등록 | 2005년 7월 13일 제2017-000293호
주 소 | 서울시 마포구 망원로 94, 2층
전 화 | 02-332-9384   **팩 스** | 0303-0006-9384
이메일 | sunestbooks@yahoo.co.kr
ISBN 979-11-90631-87-7 03910 값 20,000원